Jag kan ha fel och andra visdomar från mitt liv som buddhistmunk

我可能錯了

森林智者的最後一堂人生課

比約恩・納提科・林德布勞（Björn Natthiko Lindeblad）
卡洛琳・班克勒（Caroline Bankler）、納維德・莫迪里（Navid Modiri）——著
郭騰堅——譯

推薦序

一本飽含穿透力且深具指引作用的智慧之作

許瑞云醫師

讀完《我可能錯了》這本書，內心充滿了感動和感恩，難怪會獲獎不斷，成為瑞典最暢銷的心靈書！作者年輕時原是一位成功的瑞典經濟學家，因受到內在指引，去了東南亞成為比丘，在森林寺院修行了十七年，後來再度受到內在指引返鄉，親身經歷了諸多人生的狂風暴雨，對生命及死亡產生更深刻的體悟，進而寫下這本書。

不同於一般書籍所帶來的「知識」，本書是作者的親身體驗，多年修行所累積的能量，讓他對於生命的苦和煩惱得以敏銳覺察，在歷經了憂鬱症和絕症的病苦後，作者的文字因而飽含真實的穿透力，並深具指引作用，可以幫助身心受苦的人學習與生命共舞，不再一味以控制或抗拒的方式應對，可以放鬆身心、張開雙手地過日子，跳脫被恐懼支配，必須時時緊握拳頭，繃緊全身的自我壓迫。

人生本就充滿不確定，如何才能安然的信任，坦然的面對未知，是所有人都有的困惑。過去這幾年，受COVID-19疫情影響，很多人一直處在恐懼不安的緊繃狀態，導致焦慮、憂鬱和自律神經失調的人數不斷攀升。

作者透過自身經歷的人生逆境所轉化的體會與心得，與讀者分享如何面對未知的明天、生命的低潮、對自我的不滿，以及在死亡跟前難以忽視的不安及恐懼。有位韓國讀者就說：「這是一本當痛苦、焦慮還沒有離開我的心時，我會想再拿出來重讀的書。相信作者的話，一定會讓我的智慧再增長一個跨度。」

本書之所以取名為《我可能錯了》，正是因為這句話就像一句箴言，可以幫助很多伴侶、家人跳脫爭吵或冷戰。許多爭執往往肇因於每個人都堅持自己是對的，他人是錯的。但事實真是如此嗎？

下次發現自己又陷入爭吵時，不妨試著好好的默念幾次「我可能錯了」，看看會產生什麼變化。

本書有太多值得細細思考、深入覺察的智慧片段，無法一一敘述，只能誠摯的推薦給大家。

不論你是處在生命的低谷，還是對生命充滿困惑，應該都可以從這本書得到力量和啟發。

（本文作者為心能量管理中心執行長）

推薦序

我可能錯了，是深具洞察力與慈悲的智慧

阿迪亞香提

閱讀一本書，就好比展開一趟旅程。你跨入未知的世界裡，任由自己被所有的經驗與印象包圍。《我可能錯了》的主軸是一個人踏上心靈旅程，親歷了自己內心從未被探索過的景致。它講述了作者比約恩成為僧人，一路朝追尋更高的自由、愛與寧靜前進的故事。

但正如所有的好故事一樣，它也會反映出一些普世共通的事。這趟旅途既沒有終點，也沒有任何崇高偉大的結論——它只是描述了一個人的心靈覺醒，因而意識到內在的自由、意義和喜悅，並讓它盡可能在日常生活中落實與成真。

智慧並非藉由學習所得來的片段資訊，而是我們透過實際生活經驗掌握的事

物。當我們以一種有意識、明朗又澄澈的方式迎接生活時，真實的智慧就會顯現。某些失敗與挫折能開啟我們的雙眼，帶來意想不到的體悟，讓人內心充滿愛與謙虛。通常，智慧就來自這樣的失敗與逆境中。智慧並沒有高高地在雲端飄動；相反的，它就隱藏在塵世的日常經驗中。**「我可能錯了」**不僅僅是絕妙的書名，它更是一種深具洞察力與慈悲的智慧。而且，這種智慧是能改變你的一輩子，也許還能使你敞開心扉，通往永恆的幸福。

以**「我可能錯了」**的心態過生活，是開闊心智與心胸的一項先決條件。這是一種智慧，能為你打開通往更宏深洞察力的大門。也許，它甚至能將你引向佛陀當年開悟時所達到的明心見性深度。它是一條通往愛、親近與理解的路。針對眾人所面臨的那些重大挑戰，它也能將我們引向解決方案。這雖是一把不起眼的鑰匙，卻能開啟重重大門。比約恩與我們分享他身為僧人一路所學，而這還只是他在本書中帶給我們的**其中一項**智慧明珠而已。

要在我稱為「心靈之路」的旅途上行進，需要無比的渴望、勇氣、直率與真誠。兩千五百多年前，佛陀就已經標示出這條路徑。我們常會覺得，這就像在黑暗中跌跌撞撞地走著，永遠在找尋能夠指引方向的微光。其中有些微光，神祕地源自我們的內心——往往是在你最意想不到、甚至不覺得自己值得受到它們指引時出現。有些微光反倒來自外在，它們的形式有生活經驗、樂於提供幫助的指導者與老師們，或是我們接觸到神祕智慧的時刻——這些神祕智慧似乎以最令人出乎意料的方式，伸出慈悲的手。

我們的內心深處都有一股強烈的渴望，想過更自由、有歸屬感和真實的生活。但要回應這股渴望，絕非易事，因此許多人竭盡全力忽視它。我們現代人的意識存在一定的缺陷，難以「翻譯」靈魂對自己所說的話。有人則一頭栽進古老的智慧傳統中，試圖重新連結內心的光明，喚醒每個人內心最深處的永恆真理。其中幾位靈魂探險家，逐漸成為連接靈魂與精神領域上的先驅與現代追尋者之間的橋梁。我深信，真誠且極度貼近人性的比約恩，就是一座這樣的橋梁。而且，《我可能錯了》也正是一本搭建橋梁的書。

本書讓我由衷激賞的，是它毫不矯飾的誠摯，以及所流洩出的真實情感。它深富洞察力，並展露出超凡的靈性智慧。然而，它也始終很務實，能與我們的日常生活連結。

我覺得書籍有時會帶著一種特殊的寧靜，你可以在字裡行間以一種近乎感性的方式感受到這種寧靜。當敞開心胸，真正毫不保留地與作者的心緒進行交流時，這種寧靜會在我們的內心被喚醒。在我一口氣讀完《我可能錯了》整本書，領會到比約恩那夾雜著智慧與生動敘事的文筆之際，內心正是感受到這股寧靜。

不過，我建議你，花一點時間仔細且從容地品味這本書。請將它想像成一杯甘醇可口的好茶，或一個溫暖的夏日，好好地享受它。而且，請留意它能讓你喚醒的心境——也就是平靜與沉定，這在我們無窮盡競逐的世界中很容易被忽略。

這本書默默傳達的訊息，並不是你應該成為什麼樣的人，更不是你只要遵循「通往成功的五大步驟」就能獲得功成名就。相反的，它試圖提醒，除了你的性格、你對自己身分的認知，以及自認應該要成為什麼樣的人之外，你的本質究竟是什麼。

《我可能錯了》針對的是你內在那個沉定的存在——也就是那個潛伏在大腦投射出的種種念頭與意象後方的「你」。它是一則提醒——以一種慈愛又深富人性的方式提醒你，是誰、是什麼正透過你的雙眼看待這個世界，以及你如何從這樣的視角過生活，也隨著時間逐步提升對事物的觀照能力。

願世間萬物，都能迎來開花結果之時。

（本文作者為美國精神導師、《空性之舞》《受苦的力量》作者）❶

❶注：比約恩修習阿迪亞香提所主講的靈修課程，超過二十年。阿迪亞香提是美國人，他以禪宗為基礎，逐步培養出一種罕見的特殊能力，也就是以精闢又令人信服的方式，一語道破難以闡明的事物。阿迪亞香提的演說與談話始終深富人性，其幽默也充滿溫情與包容，他更致力於在不同的傳統與宗教之間搭建橋梁，而非築高牆。他會鼓勵我們暫停片刻，學習辨識什麼才是真正永遠為真，以及讓人完全解脫。

各界好評推薦

透過保持平靜心態的能力，要在面對困難時保持樂觀是有可能的。曾是泰國森林僧人的比約恩，在書中提到他訓練正確引導念頭的經驗，能使所有人受益。

——達賴喇嘛

多棒的書名啊！讀了這麼多書教會你什麼呢？那就是每個人幾乎都始終認為自己是對的。因此，曾是森林僧人的比約恩先坦承懷疑，甚至是深度的懷疑，這是多麼出乎意料啊！他的書在歐洲屢獲殊榮，你很快就會明白其中的原因。本書不是一本勵志書，但它的智慧會造福很多人。

——英國《每日郵報》

這本書真的、真的會永遠陪伴我。它不僅蘊含最不可思議的智慧，而且溫柔美麗與扣人心弦。它為我帶來了許多的快樂和安慰。

——菲恩・卡頓，《快樂一點點就好》作者

我邊讀，邊折下想回顧的頁面書角，也用鉛筆畫重點。到最後，幾乎每一頁都被我折下來與畫重點了。

——《每日電訊報》

這是一本真正和你站在同一陣線的書。會讓你放下小事，接受自己無法控制的事情，敞開心扉，過上更快樂、更平靜的生活。

——英國《婦女與家庭》月刊

比約恩的話充滿了智慧、洞察力、美麗和脆弱，同時也充滿了難以言喻的痛楚。他毫不畏懼地敞開心扉、不懼脆弱的故事帶給我們此時此刻所需要的智慧，即使想擋，它也會鑽進我們的心裡。

——《瑞典日報》

目次

前言

我的超能力

在我結束僧人生活返回瑞典後，一家報社採訪我。關於我這項顯得有些不尋常的人生抉擇，他們想了解更多。爲什麼一個事業卓然有成的經濟學家想放棄自己擁有的一切，剃光頭去叢林跟著一票陌生人住一起？談了一會兒以後，這名記者提出一個最有分量的問題：

「在叢林中度過十七年的出家生活之後，你學到最重要的事是什麼？」

這個問題讓我感到緊張和慌亂。我必須給出個說法，但又不希望草率地以特定答案敷衍了事或騙人。

坐在我對面的這名記者，並非那種對精神生活有顯著興趣的人。他顯然是得知我在出家期間選擇拋棄一切，覺得很震驚。畢竟，我是生活在沒有錢、沒有性或自慰、沒有電視連續劇或小說、沒有酒精、沒有家庭關係、沒有假期、沒有星期五晚上的闔家歡樂時光、沒有現代化的便利設施、沒有選擇自己進食的時間與餐點的情況下。十七年。

而且出於自願。

所以，我從中得到什麼呢？

對我來說，誠實很重要。我希望這個答案對自己來說，與事實相符。於是，我觀照自己的內心，很快的，以下的答案就從我內在的寂靜處浮現：

在這十七年整日的精神修練中，我最珍視的一點就是：我對自己的每個念頭，再也不相信了。

這是我的超能力。

最棒的一點在於：這是所有人的超能力。是的，它也是你的超能力。如果你已經忘記它，我希望能在你尋回它的道路上，助你一臂之力。

多年來，我不斷努力達到精神和個人成長，我非常榮幸有這麼多機會分享這個過程中學到的事。我一直覺得這樣的機會深具意義。我學到不少對自己有幫助的事，能讓我活得更自在，更輕易活出自己。如果我能這麼幸運，那你也會在本書中發掘對自己有幫助的內容。不誇張地說，這當中有些見解簡直對我的生命發揮重要作用。它們尤其適用於過去這兩年——我在這段期間進入了與死亡相會的候診室，而這比自己希望的還要早。或許這是終點，但也可能是起點。

第1章
覺察

八歲的我，一如往常，比其他人都早起床。在祖父與祖母位於瑞典東南部卡爾斯克魯納附近小島上的家中，我來回踱步，等著弟弟尼爾斯醒來。我在廚房窗前停下腳步。突然間，我內心的喧雜聲戛然而止。

一切變得無比寂靜。那台放在窗台上的鍍鉻烤麵包機，美到令我屏息。時間靜止了。所有東西的周圍似乎都透出微光。幾朵蓬鬆的雲從晨間湛藍的天幕中露出了微笑。窗外的樺樹搖曳著閃閃發亮的葉片。無論我的目光轉向何處，迎向我的都是美景。

對於這段經驗，當時的我或許沒辦法說個明白，但現在我想試試。那時整個世界彷彿都在低語著：**「歡迎回家。」**在這世上，我第一次有那種真正回家的感覺。我的心完全在當下，腦海裡毫無念頭。接著淚水就湧上雙眼，胸口一陣暖熱——今天，我會將這股暖意稱為**「感激」**。隨後我就好希望這種感覺能永遠持續下去，或者至少持續很長一段時間。當然了，我未能如願。但我從未忘記那天早晨。

對於**「正念」**（mindfulness）一詞，我從來沒有覺得真的很自在。當我真正在當下的時候，感覺上，心並沒有被**塡滿**。它更像一個寬敞、空無一物、欣然接納人的房間，有足夠的空間包容一切。正念這個詞的意思是指「有意識的臨在」。它聽起來是很費勁的事，和放鬆背道而馳。因此，我提出了一個詞：「varsevarande」，意思是**「覺察」**。

我們都能開始覺察，持續覺察，當下覺察。那天清晨，在卡爾斯克魯納那台烤麵包機旁邊所綻放的，正是這種**覺察**。這感覺就像很舒服的放鬆。念頭、情緒、身體的知覺——一切都**順其自然**。這時的我們會變得更開闊一點，會留意到自己內在和周遭先前沒意識到的事。這種感覺很親密。就像一個永遠在你身邊的隱形朋友。

當然了，心在當下的程度會影響你和其他人的關係。我們都知道和一個心不在焉的人互動是什麼樣的滋味。總是會出現擾亂互動的事物，你也會有一種若有所失的感覺。每次見到年幼的孩子時，我就覺得這一點在他們身上格外明顯。他們並不佩服你的分析能力，但能極為敏銳地感覺到你是否心在當下。當你只是做做樣子或心思飄到別處時，他們都辨別得出來。動物也是如此。但當我們心在當下時、當我們沒有被腦海閃過的每一個念頭催眠時，別人就會覺得跟我們相處比較愉快。我們會獲得他人的信任和關注，與周遭世界的聯繫也變得截然不同。你當然早就知道這一點，可能也認為，這完全是理所當然。然而，你我當中有許多人仍然會將它忘得一乾二淨。我們很容易就想表現自己的聰明，想讓人印象深刻，以至於忘記了心全然在當下對自己多有幫助。

第2章
成功，但不快樂

我高中畢業時成績優異，有很多升學管道可以選擇，但我對自己的未來並沒有明確的規畫。我以一種相當漫不經心的態度，選了幾個不同的學位課程。隨後，我在畢業那年的八月到斯德哥爾摩，剛好碰上了斯德哥爾摩商學院舉行的入學考試。這是一條與我爸爸相同的人生道路：金融、經濟與大企業。所以，我參加了考試，那一整天的各項考試都相當艱澀。結果我考得很好，兩個月後就收到入學通知。那時漫無目標的我心想：就直接去讀吧，又不會有什麼損失。經濟學總是有用的，它能開啟眾多機會之門。我總聽別人這麼說，但我去讀斯德哥爾摩商學院的真正原因或許是：它讓我爸爸感到驕傲。

一九八五年春天，我獲得斯德哥爾摩商學院的學位。那時我二十三歲，在當年的瑞典勞動市場還是相當吃香的。甚至還沒拿到畢業證書，雇主已經直接到學校裡進行招聘。一個陽光普照的五月份傍晚，我坐在斯德哥爾摩海灘路上一家高檔餐廳裡，和一名年長的銀行家共進晚餐。我正在接受求職面試。在用餐的同時，我竭盡所能地表現出自己的聰明才智。對我來說，這始終是個挑戰。當晚餐與面試都告一段落時，我們彼此握手，這名銀行家說：

「聽著，我們很有可能請你到我們倫敦的總公司參加後續的面試。但是，在你到訪以前，我可以給你一個小建議嗎？」

「請說。」

「你去倫敦接受我同事的面試時，請努力多表現出對這份工作的興趣。」

我當然明白他的意思，但很訝異自己竟然一眼被人看破。當時，我和許多同齡的人一樣，是個還在探索成年生活的年輕人。你往往得盡力表現，這有時還包括一定程度上的演戲，比如假裝你對某事的興趣高於自己真正的興致。就在那天晚上，我的演技沒有過關。然而，事情看來仍然獲得解決，我得到其他工作機會，而且很快就平步青雲。

兩年後的一個五月份週日午後，我躺在一張從瑞典運來的紅色宜家沙發上，溫暖的海風從敞開的窗戶吹進來。我當時任職於一家跨國大企業，被調派到它的西班牙辦公處。我擁有公司的配車、一名祕書，搭乘飛機時可以坐商務艙，在海邊還有一間舒適的房子。只要再過兩個月，我就會成為AGA（瑞典燃氣公司）旗下一家子公司有史以來最年輕的財務長。我曾是AGA社刊上的特別報導人物，在別人眼中，我的確是成功人士。我當時才二十六歲，在外人看來，一切真是再順利不過了。但我認為，絕大多數在他人眼裡看起來很成功的人，最後都會意識到，這絕不能保證快樂。

成功和快樂，是兩回事。

在他人眼中，我做事精明，表現得可圈可點。我表面上擁有象徵物質上優渥和職業生涯成功的所有條件。我從斯德哥爾摩商學院畢業後的短短三年當中，一路晉升，已經在六個國家境內從事商務活動。但這全是憑我的意志力與自律辦到的。我仍然是裝腔作勢，依舊假裝自己對經濟有興趣。這樣是能夠撐住一時，但我們都知道，總有一天，單憑自律是不夠的。我們內心的更深層處，需要從工作和自己每天做的事當中獲得激勵與滋養。這種養分難以藉由成就獲得。但它可以來自和你共事的人建立歸屬感、感覺自己的工作有意義，以及能貢獻自己的才能。

對我來說，在穿上西裝、拿起晶亮生光的方形公事包準備去上班時，會感覺有點像是自己正在**打扮成**一個經濟學家。每天早上，我在浴室的鏡子前打好領帶，豎起大拇指對自己鏡中的倒影說：「各位，表演要開始囉！」但我內心的主觀體驗是「**我覺得不怎麼舒服。我不喜歡上班。想到工作時，經常讓我很焦慮。我的腦海中有一個二十四小時都在盤旋的疑慮漩渦，質疑著『我是否已經做了充分準備？我夠好嗎？什麼時候會有人看穿我？別人幾時會發現我就只是呆坐在這裡，假裝對經濟問題很感興趣？』**」

此刻我躺在紅色沙發上，這些質疑似乎變得更加強烈。我進一步想到在斯德哥爾摩商學院的課本內容：一個經濟學家為大公司工作的動機何在？是的——將股東們的財富最大化。**這對我有什麼意義？他們是誰？我可曾和任何一個股東見過面？（就算見過面，但將他們的財富最大化，爲什麼我得感興趣？）**

我的腦袋思緒紛飛，想的都是未來一週的工作與堆放在眼前的待辦事項。我在那個星期理應要完成一些工作，但感覺自己力不從心。在主管會議上，大家會指望我針對是否在馬德里郊區興建碳酸工廠表達意見。我還必須提交一份季度財務報告給瑞典總公司。就是這種週日千篇一律的焦慮讓我胸口緊悶。我想，對於這段描述，幾乎所有人都能感同身受。落入這種狀態時，你所有的思緒彷彿都通過一道陰暗的過濾器。無論你想什麼，它最終都會變成不安、恐懼、無奈、焦慮與無助感。因此我記得那時在想著：**「我要如何幫助自己啊？我躺在這裡，陷在陰暗思想的漩渦中。這讓我很不舒服。」**

然後我想起一本最近讀過的書。其實，那已是我第三次讀了。我覺得它相當深奧，因此就算已經精讀了三遍，我還是估計自己只理解全書的三〇到四〇%左右。這本書叫做**《禪與摩托車維修的藝術》**。

其實，它並不怎麼探討禪宗。另一方面，它也沒談什麼維修摩托車的藝術。但書中提到許多觀點，我記得其中一個觀點是：**人心中的寧靜、平和、安住，不會被一直潛伏的念頭擾亂——這是寶貴的，值得獲得重視。它是一份禮物。**

過了一會兒，我有一種恍然大悟的感覺：

> **好吧，我現在所有的想法都讓自己感覺很糟。試圖遏阻這些想法，似乎行不通。將它們轉換成正面思維，感覺又很假。我是否應該躺在這裡，假裝自己期待高階主管會議？這可眞是膚淺啊！假如想找回寧靜、不受自己的各**

種念頭催眠，該怎麼做呢？

總而言之，這本書強調覺察我們內心寧靜處的價值。但我該如何做呢？就實際來說，我到底要怎樣才能轉向自己內心的寧靜？對我而言，雖然並沒有立即領會到該怎麼做，但我喜歡這個觀點。

我聽說要達到這個目的的一個方法，就是透過冥想。但對於冥想的真正含意，我所知甚少。我有印象的是，它主要和**呼吸**有關——靜坐冥想的人似乎在自己的呼吸上下了很大的工夫。這有那麼困難嗎？據我所知，人打從出生那一刻，就一直在呼吸。但我當然也明白，那些靜坐冥想的人似乎以一種我沒採用過的方式全心全意在呼吸上，並**觀察**自己的呼吸。不過我可以試試，這值得一試。

因此，我以初學者的方式開始留意自己的呼吸。「**這就是吸氣的開始。這是結束。吐氣從這時開始。它在這時結束。停頓一下。**」

我不會說這很容易做到，也不會宣稱它對我來說特別輕而易舉。要保持專注，防止自己注意力散失，我得不斷奮戰。但我又持續了十到十五分鐘左右，耐心地引導自己的心思一次又一次回到呼吸上，因為我的思緒不斷飛奔到**「我在高階主管會議上該說什麼？」**或**「我今天的晚餐還要再吃西班牙番茄冷湯嗎？」**或**「我幾時才能再回瑞典？」**或**「爲什麼女朋友要和我分手？」**

最後，我的心稍稍平靜下來。我想要的平靜方式，可不是那種抽象、充滿宗教色彩或神祕主義的——我要的就只是一週或一個月平靜期的放鬆。這就足以讓我和各種奔流的思緒保持一點距離，而不至於淪落到現在這樣瘋狂地想突破困境。胸口的緊悶稍微緩解，那些焦慮思緒之間的暫停時間變長了，也比較容易有那種單純的臨在感。在這個相對平靜的狀態下，一個不起眼的想法從內心的寧靜處浮現。我甚至不會說它是「想法」，它更像是一股衝動。我內心彷彿有什麼憑空出現，它並非一連串想法的最後一個環節，也不是我推理後得出的結果，它僅僅是突然出現。它就呈現在我面前，清晰又完整：

是該往前走的時候了。

我花了大約五秒鐘下定決心。僅僅是容許自己考慮辭職與拋下一切，就已經讓人很振奮了。這想法很危險，同時又有滿滿的力量。我的身體充滿一波又一波襲來的能量。我必須站起身跳一跳（我想那時的自己應該很像巴魯熊）。我感覺自己很強大，充滿行動力。這或許是我有生以來自己做出的第一個決定，沒有焦慮地回頭觀望，也不想知道別人會怎麼想。

兩天後，我遞了辭呈。

第3章 多呼吸，少思考

二十六歲，在西班牙絕望的我嘗試冥想了十五分鐘——此舉在日後對我意義非凡，超出我當時的想像。那時候，我主要是想找一個方法來因應自己的壞心情，但得到的成效讓我意猶未盡。我想更了解內心那個睿智的聲音在說什麼。

這並不是說在我想開始聆聽內在聲音時，就會讓我來個大覺醒，或者進入一個特殊的意識狀態。但是可以從瘋狂盤旋的種種念頭中得到短暫的喘息，帶給我一種美妙的自由感。這些念頭並沒有消失，但它們不再那麼有催眠作用。我彷彿在內心退了一步，並開始意識到：我**有著**念頭，可是我的念頭**不代表**我。

念頭本身當然不構成問題。自動、漫不經心地判別每一個念頭——這個才是大問題。未經訓練的頭腦經常如此。我們會覺得自己的身分和念頭緊密相關。

我不會鼓勵任何人進行正面思考。完全不鼓勵。我個人並不相信正面思考有特別大的力量。我一直覺得正面思考是比較膚淺表象的。

那如果努力完全不去想任何事情，會怎麼樣呢？祝你好運。我甚至可以說，這在生理學上根本是不可能的。若要你盡量不要去想一隻粉紅色的大象時，人的大腦是無法理解「不」這個詞的，但是學會放下一個念頭——這對我們會非常有幫助。

所以，如何放下拖累你的一連串念頭呢？嗯，你需要將注意力轉移到別處。這些念頭唯一的養分來源，就是你的注意力。

請你想像一下，原本握緊的拳頭逐步鬆開五指，然後變成張開的手掌——它告訴我們如何能放開各種事物與念頭，讓它們飛去。這麼一個簡單的手勢，讓人暫時放開正在想的事，大有幫助。刻意、有意識地將自己的注意力轉移到比較沒那麼複雜的事情上，比如呼吸這樣的身體體驗，可以為我們提供一個療癒與充電的喘息空間，遠離內心的混亂。

如果願意試試看，這或許也對你有所幫助。

當你準備吸氣的時候，請將它想像成在身體內漲起的水。你的上半身就像一只直立的水瓶。當你吐氣時，瓶中的水位會下降，直到完全變空。當你再度吸氣時，水又會重新從瓶底騰起。想像你的吸氣過程從臀部開始，甚至

直接從地板開始。接著水位會上升，通過你的腹部、胸口與喉部。

看看你是否能讓這兩股波動在你身體停留一段時間——也就是呼氣時的下降波，以及吸氣時產生的上升波。如果你要調整，也請以友善溫柔的方式進行；你就像在詢問自己的身體：要怎麼呼吸對你最好？如果我擴胸的幅度大一點，你會更容易吸入空氣嗎？還是我把肩膀放低一點？試著找到你覺得適合這種呼吸方式的部位。身體會覺得很舒服。

吸氣、呼氣，就是你當下要做的。你就像在度假，遠離一切外物。你的額葉處於休息狀態。此時此刻，你不需要承擔任何責任，沒有任何計畫必須擬定，也不必表達任何意見，更不需要記住任何事。你現在要做的，只有呼吸。你在這個狀態中，想待多久就待多久。

你多久會給自己這樣的內在關注？只要情況許可，就把握機會。這倒不是因為你希望能從中得到什麼，也並非為了讓你一直平靜與安寧、體驗到內在爆發的情緒，或是成為更有靈性的人。這只是因為：呼吸本身是值得的。

請想想所有與呼吸有關的重要詞彙。Inspiration（靈感、鼓舞）——吸入氣息。Aspiration（抱負、渴望）——呼出氣息。另外還有Spiritual（精神上的）與Spirit（靈魂）。❶呼吸當中一定蘊藏著什麼。如果你想得到更多的生命力，請培養觀照自己呼吸的習慣。

泰國僧人阿姜查（Ajahn Chah）是我所力行的森林修行派裡的大師級人物，他曾說過：「有些人活了一輩子，竟然沒有真正意識到自己的任何一次呼吸。這真是太可悲了。」

選擇將注意力轉移到哪裡，可能聽起來很容易，但我會第一個承認它是無比困難的事。當開始將注意力聚焦於呼吸時，大多數人的心思就會像瘋狂的溜溜球一樣。你先是留意幾次呼吸，然後注意力就會開始飄到一些不相干的事情上，你得耐心地拉回自己的注意力，一次又一次。你的念頭簡直是樂此不疲地急於往最意想不到的方向打轉。但注意力每次只要一溜走，我們遲早都會發現。那麼我們能做的，就只是留意了這種情況（再一次）發生了，而不是責備自己或評估成功的程度。我們要放下這些念頭，平靜地將注意力拉回到我們預期的目標上。

這很容易讓人想放棄，但是堅持住是很值得的。即使這只是個人生活中極其不起眼的小動作，但在人類集體意識進化過程中，這是完全必要且寶貴的一步。

自遠古時期以來，所有宗教都一直強調與關注沉靜與聆聽內在的價值。這不僅僅和佛教、冥想或不同的祈禱儀式相關，而是和我們生而為人有關。

所有人都有能力放下自己的念頭，以及選擇將注意力擺在**哪裡**，並決定讓注意力在對自己無助益的事情上停留**多長的時間**。你也具備這樣的能力。有時，你只是需要多一點練習。因為一旦我們對這種能力忽略或完全失去興趣，最後就會受到那些根深柢固的習慣性行為、模式與念頭擺佈。可以說，它們會牽著我們的鼻子走。我們就會一直在同一個迴圈中兜兜轉轉。這不是自由，也不是尊嚴。

專注呼吸容易嗎？

不容易。

根據自己的步調盡力而為，是否仍然值得？

是的。

❶ 編注：拉丁字根 spir 是呼吸、氣息的意思。Inspiration（靈感、鼓舞）——拆解字根是 in（進入）+ spir（氣息）= 吸入氣息。Aspiration（抱負、渴望）——拆解字根是 a（向、出）+ spir（氣息）= 呼出氣息。

第4章 卡拉馬助夫兄弟們

敲主管的門，然後突然說出「嘿，事情並沒依照我們盤算的那樣進行，我現在不幹了」，可不是那麼容易。打電話給爸媽，告訴他們「是的，我辭職了。我也沒有備案」，同樣很難。

辭職後的一個月，我回到了瑞典的哥特堡。我在西部的馬略納租了一間單人套房，並找到一份餐館的洗碗工作。記得有天我站在一堆髒碗盤前的時候，聽見其他職員走進來互相談笑說：「哦唷，新進的洗碗工喔？他會講瑞典語嗎？」我內心深處的驕傲，大叫起來：**「直到最近爲止，我可是舉足輕重的大人物呢！」**

在那之後不久，我開始修文學課。有天早上，在前往大學的電車上，我看到一則新開設的心理健康求助熱線的廣告。志工服務的想法引起我的共鳴。在六個週日的培訓後，我被安排每週四晚間在電話機前值班，每次四個小時。起初，我會急著提供建議，可是後來漸漸學會靜下心來，敞開心扉聆聽。

我頭一次看到家鄉沒那麼光明的一面。孤獨與脆弱，絕望與無助。我經常很不願意去輪班，但每次結束後，總是讓我有更高的視野，胸中盈滿暖意與使命感。人經常為了自己的人生嚎啕大哭，但同樣也會因為終於有人聆聽他們說話而感激流淚。對有些人而言，幾十年來一直沒有人給予他們這樣的關注了。我學到一件很重要的事：為他人提供服務，帶給我極大的回報。

在修讀了一年的文學以後，我把探索範圍擴大到更廣闊的世界。最後，我來到印度，在聯合國世界糧食計畫署擔任經濟學家。這是一個年輕有理想、滿懷憧憬的西方人幫助印度的典型例子。最終結果是：印度為這名年輕有理想、滿懷憧憬的西方人提供更多幫助。我在那裡的一年，還背著背包遊遍東南亞。三個星期當中，我在喜馬拉雅山區爬上爬下。實在太棒了。從小，我就莫名地熱愛山岳。它一直是我最喜愛與適應的環境。只要置身於高山之中，我就會自然而然感到快樂。因此，你鐵定能想像我每天花上漫長的時間在壯麗的山岳中探索時，心情有多麼暢快。

我想，所有曾經背著背包健行過的人，在一段時間後都知道那是什麼樣的感受。生活一天比一天輕鬆，到了最後，一切只剩下天氣、身體、食物、飲料與休息。我記得每天早上背起背包，會感覺自己可以走到天涯海角——這是我唯一想做的。我覺得自己很無敵。

然而，我可能是史上最不明智的登山健行客。我強烈懷疑，我是那一年唯一最假掰的登山客，竟然會帶著杜斯妥也夫斯基的精裝磚頭書《卡拉馬助夫兄弟們》。每天晚上抵達目的地後，我都已經累到沒力氣讀這本厚重的磚頭書。

在將近一個月的健行結束後，我返回尼泊爾首都加德滿都，這裡也是許多背包客的熱門聚集地。連續幾個星期以來，我一直吃同樣的食物：扁豆燉飯，一天三餐。因此我滿懷期待地在一家據說供應全加德滿都最美味可頌麵包的餐廳，點了一頓豐盛的早餐。一名來自開普敦、一副反骨叛逆模樣的美女醫學生，坐在我對面。

醫學生說她的名字叫海莉。

這輩子，糟糕的調情能力是我的罩門。在神發送《調情寶典》那天，我肯定睡過頭了。但是那天的早餐時間，我顯然做對了一些事，那頓早餐持續了四個小時。在它結束之前，我確信自己愛上坐在面前、大嗓門、亮麗又有點不修邊幅的女人。更重要的是，她對我也有意思。幾天後，我們一起到泰國旅行幾個星期，享受了一段堪稱完美、有如電影般夢幻的海灘戀情。然後，她就把我甩了。

我想，在夢幻般戀情開始的兩個星期之後發生的事情是：我開始害怕我喜歡她，多過於她喜歡我。過沒多久，我就陷入下一個更大的恐懼中：

萬一她棄我而去，怎麼辦？

這些疑慮封閉了我內心的某些東西。它發生得很快。我猜正是這種機制導致我關掉自己的情緒。一旦你封閉了情緒，就沒那麼容易談笑、無憂無慮、幽默、自然率真。你會變得沉默、僵化。我還真的變成這副樣子。我也不斷告訴自己：我**不應該**變得這麼僵化與沉默，結果這讓我變得**更加**僵化與沉默。當海莉最後非常溫柔體貼地透過分手證實我的恐懼時，我唯一能說出口的話竟是：「妳知道嗎？假如和一個像我這樣的人交往，我也會分手的。」

活到這個年紀了，我也有過好幾次被甩的經驗，但這並沒有減輕這次分手對我的打擊。一路走來，我已經知道，因為遭人拒絕或甩掉而痛苦萬分的人，絕對不只我一個。通常，這傷人最深。比較糟的是，我的反應向來特別激烈。

所以就這樣，剛被甩的我，在泰國的海灘上，感到前所未有的孤獨，而且完全心碎了。身在典型的背包客聚集地，周遭所見都是無憂無慮、帥氣美麗、皮膚被太陽曬成古銅色、渴望探險、愛玩、外向活潑的年輕人。

那我呢？躲在那本破舊的杜斯妥也夫斯基著作後方，努力擺出一副很有深度的樣子，好像我需要的只是博大精深見解的世界。我用這種方式撐了幾天，然後就藏不住了：我分明**就是**傷心欲絕。

我痛苦地意識到，自己不知道如何處理這種惡劣的心情。我真的一點辦法都沒有。我沒有任何工具。我忍不住想：**這不是有點奇怪嗎？受了十六年的教育，我竟然不記得有哪堂課教過：「在人生低谷時，該怎麼辦？」**

我們不時都需要一些指引。我甚至無法想像有人從未經歷人生低谷。所有人都經歷過完全孤獨、無助、沒有支援、遭人誤解、受到惡意對待的時候。在風暴即將來臨時，我們需要找到能抓住的東西，穩住自己。我們可以在自己周遭或內心找到它們。最好在這兩處都找得到。

接著故事就來到以下聽起來很老套的情節：傷心欲絕的年輕人找上了寺院。

但這正是當時的情況。我對宗教從來沒有太大的興趣，但當時的痛苦變得太強烈了，要處理自己控制不住的情緒，我實在無能為力。我需要做點什麼事。求助的時候到了，佛陀似乎是一個不錯的起點。

第5章
初探寺院

我拿到泰國北部一間寺院的地址，那裡提供為期一個月的英文冥想課程。雖然先前略嘗試過冥想，但我對它真正的含意，只有模糊的概念。可是在旅行中見到的幾名僧人，在我看來，他們氣定神閒、心滿意足。在破曉時分，他們托缽緩緩前行，向當地人化緣。更有意思的是，泰國人普遍有一種特質讓我著迷。他們無論怎樣都能悠然自得，不在乎別人的看法，對自己莫名的自信，這是我在西方國家極少見到的。

從小，我就注意到內心有個聲音，它經常在背地裡說我不夠好。當我做了笨拙或欠考慮的事、當我失敗或誤解一些事情時，這個聲音會變得格外響亮。可是在我表現好時，它又默不作聲。我當時就意識到，這不僅僅是個人的問題，而是我承襲而來的一部分文化遺產。在我的生長地，許多人的內心深處都有一個不斷發牢騷、批判的聲音。這個聲音對我們說話時，非常不留情面，即使我們沒做什麼壞事，只是犯了無心之過，也依然如此。我們經常帶著覺得自己「不夠格」、害怕「被揭穿」的包袱。如果有人知道我們的**眞面目**，就會懷疑對方是否喜歡我們。所以為了保險起見，我們會耍花樣。這勢必影響我們與周遭世界互動的方式。和我碰到的泰國人相比，這一點變得特別明顯。

簡單來說，泰國人喜歡自己的程度似乎相對多一點。我很少看到一個西方人會像泰國人那樣，散發著全然的篤定，相信世界會接納他們本來的樣貌。我覺得任何一個泰國人進到一個房間都能帶著令人吃驚的自信，然後傳達出的氣息就像：**「嗨，我在這裡！太好了，不是嗎？有我在，一切想必會更好吧?!我想大家都覺得我在這裡實在太棒了，我也確定所有人都喜歡我！」**這段描述或許有點誇張好笑，但我的印象大致上就是如此，也非常喜歡他們這個樣子。

我帶著對冥想功效不切實際的期望，來到人家介紹的寺院。這座繁忙的鄉下小寺院，就在清邁郊外的一個機場附近。我們周遭都是跳蚤纏身的狗，牠們吃著我們那些五味雜陳的殘羹剩飯。那裡相當凌亂、吵雜。不知道為什麼，寺院很喜歡辦民俗音樂節。有時，寺院外還會播放電音舞曲，年輕人在舞台上跳舞，而我們則是安分地打坐冥想。

就我所見，僧人們大部分時間都在閒聊與抽菸。會在那裡冥想的，是我們這些西方人。相較之下，我們很嚴肅，**非常**、**非常**嚴肅。

在第二天的冥想課中，要說我的念頭狀態，實情如下：

好啦，我們開始吧。四十五分鐘，不間斷地專注當下。呼吸，是前進的方向。我打算在這裡將絕望拋諸腦後，然後蛻變成全新的人。或許，我甚至可以挽回海莉的心？吸氣，吐氣。不知道今天的午餐吃什麼？昨天那樣的午餐，我甚至不會拿來餵自家的狗。此刻，寺院周圍的樹上掛滿快要成熟的異國水果……好啦，專心點。吸氣，吐氣。可是說眞的，這裡的咖啡？眞是爛翻了！根據我所見，是我們這些西方背包客在經濟上支援這個地方的。這裡的香油箱還不是我們塡滿的。實在難以接受這裡的雀巢即溶咖啡！如果他們下本投資一台正宗的義大利咖啡機，其實很快就可以回本了。西班牙告爾多、卡布奇諾……哇，怎麼回事？我應該在冥想，進入更高境界才對。結果我的注意力反倒被這堆奇怪又激昂的念頭劫持。我的工作幾時變成要幫這間寺院的菜單改頭換面了？幸好其他人沒聽見這些話。我可是要很嚴肅的，振作啊！

將注意力拉回到呼吸上，感覺我的身體。放手，佛陀相當善於放手。現在我們就這麼做。吸氣，吐氣……喔唷，這怎麼這麼無聊啊！不是應該發生什麼事嗎？這總不會就是重頭戲吧。我要多久才能達到宇宙性高潮？內心激烈的情緒，幾時才能噴發啊？我已經準備好了！

如果曾經試過冥想，我想你對此會有共鳴。你本來以為自己或多或少是明理、理性、有判斷力、頭腦清醒的人，但是後來反而會發覺，其實絕大部分的時候，我的思維過程就像有個猴子巡迴馬戲團支配著。許多人剛開始冥想時都犯過同樣的錯誤：認為自己的腦袋會靜下來。但實情並非如此！或許能撐個短暫片刻，但也僅止於此。只有死人的腦袋才會完全休止不動。只要我們還活著，就會有思維能力，而思維能力的本質就是產生想法、以這些想法和別人的想法比較、重新詮釋它們、質疑它們。

對於腦袋出現的所有瘋狂、完全未經審查的想法，我們很容易既訝異又驚恐。幸好，周遭的人不會讀心術。但可以放心的是，每個人都是如此。這絕對很正常，一點也不奇怪。我們只需要明白，它們只是**念頭**，並非事實。此外，留意到內在的念頭如馬戲團，也相當寶貴，因為這可以幫助我們在真正需要的時候和這些念頭保持距離。我們可以學會別對自己的念頭太當真，並找到一種更清醒的方式來處理它們：**「嘿，瞧，那個奇怪的念頭又來了。那好吧，我就放掉它了。」**

我喜歡和已經開始探索內在的人相處的原因就在於，他們已經發現自己大腦的紊亂，進而和自己、念頭保持距離。這必然讓他們變得更謙虛。而且，和這些不會老是自視甚高、把自己的信念看得很重的人相處，也會讓人神清氣爽。我們反倒可以因為有共同的體悟而同心：**我的注意力沒有完全集中，你的注意力也沒有完全集中。我不是百分之百理性，你也不是百分之百理性。我偶爾會不由自主地想到瘋狂的事，你也是。我對某些事情會有很離譜的情緒反應，你也一樣。**

當你保持一點距離，就能意識到自己的思維過程，也會明白別人也在處理和你一樣的事，自然而然就更容易注意到人與人之間的**共同點**，而不是人際間的分歧。無論我們是誰、來自何處、過往的經歷是什麼，就內在的運作而言，你我往往有很多共同點。藉由承認與清楚看到這一點，我們就能比較容易卸下自認不可一世、一切在握的偽裝。與人互相幫助、分享、坦誠相待也變得更自在。我們會建立互補關係，而不是彼此競爭，也會因為不會變成孤島而開心。我們可以互相學習，又不必擔心自己不足。我們可以看到對方的優點，接著又不會以沒建設性的方式在背地裡批判自己不夠好。

第6章
不要相信你的每個念頭

冥想課程為期一個月，但我上四天就逃離那所寺院了。我向來不是輕易放棄的人。舉例來說，在斯德哥爾摩商學院時，就算對那裡開的任何一門課都沒有真正感興趣，但我還是讀完那三年。一九八七年，參加西班牙塞維利亞馬拉松，儘管之前才練跑九次，但我仍然能頂著攝氏三十五度的高溫完賽；當天還是穿著我的乳頭永遠不會原諒我的厚棉T恤。但在這裡，我居然放棄了。

第四天的晚上，我待在清邁的市中心，拿著一瓶酒，內心納悶著：究竟哪裡出問題？這到底有什麼難的？

要睡在木床上，沒問題；一直不說話，可以忍受；大清早起床，沒關係；甚至吃不多，食物又差，也還是可以接受。但是，每天、一整天，要我幾乎不分心地面對自己那喋喋不休、嘮叨不斷、挑剔、批判、惡毒、質疑、抱怨的念頭——這令人難以承受。就在我企圖讓自己的心思平靜下來時，這些心思竟然以源源不絕的自我攻擊和質疑反撲。

然而，我內心有什麼被喚醒了。我很清楚自己不願這樣過下去。無法自處，這就是一個問題。因此我當時就和自己達成一項協議：**從現在開始，指引我方向的星光，就是成爲可以與自己更自在相處的人、一個更欣然做自己的人、一個不會總是被自己念頭支配的人。有一天，甚至可以成爲自己的好朋友。**

至少我得到往前邁進的線索。我再也不覺得自己只是受制於無法掌控的內在及外在環境的受害者。不管怎麼說，我還來得及發現，當悲痛、焦慮或孤獨感襲來時，我可以選擇有意識地呼吸，讓注意力停留在自己身體上，而不是立刻相信大腦拋給我的所有念頭。

這是佛陀的第一項禮物。

過了一段時間後，我居然又回到那間喧鬧的鄉村小寺院，完成歷時四週的課程。這是我做過最困難的事。在過程中，我曾經放棄三次。然而，親切的中國籍老師塔南，在我每次放棄時都露出溫和的微笑，然後他會給我一些裝在塑膠袋裡的豆漿，並說道：「好好睡吧，你已經有很大的進步了。也許明天早上你就會感覺很不一樣。」事實也總是如此。我開始明白，為什麼佛陀談了這麼多「無常」。沒什麼是恆久不變的，就連最艱困的時期也一樣。

這是佛陀的第二項禮物。

回到瑞典後，我繼續早晚冥想。我覺得似乎已經拿到一把打開內心空間的鑰匙，更了解自己的內在。當我能正視內心覺得艱難的事情時，一部分的阻力往往就消失了。

當事情真的變得極為艱難時，試著引導自己的注意力，選擇留意的目標，這是最好的，或許也是我們唯一能做的事。

這是佛陀的第三項禮物。

「不要相信你的每個念頭」，在生活中，幫助我最大的，莫過於這句話了。可惜的是，大家都有的這項超能力，有點被遺忘了。但事實是，以一定程度的懷疑與幽默感來看待自己的念頭，就會讓人更容易做自己。

如果不盲目相信你腦海中閃過的每一個念頭，能得到什麼好處呢？是的，你會有一個真正的內心知己，這是極為寶貴的，總是會站在你這邊。當我們相信自己的每個念頭時，就會變得極其脆弱，毫無防備。無論大小事，都是如此。而且，它也會讓我們的智慧大打折扣。在我們最黑暗的時刻，深淵很可能是無底的，它真的可以把我們折磨到死。

當你活在一個對自己的每個念頭一律相信的人生中，尊嚴在哪裡？自由在哪裡？尤其考慮到我們絕大多數的念頭都是不自覺的。我們是帶著印記的生物。這些印記的編碼來自我們的成長方式、經歷、帶著什麼來到世上、自己的文化、生活處境，以及接觸到的周遭環境訊息。

我們無法選擇自己的念頭，也不能決定它們應有的樣貌。也許我們能以不同方式助長念頭，給予它們不同的空間，但我們無法操控腦海中要跳出哪些念頭。我們只能選擇是否要相信它們。

第7章
媽媽，我要去森林當僧人

我就像大多數改皈依佛教的西方人一樣，閱讀大量關於佛教的書籍。有一本書叫做《見道》（*Seeing The Way*），書中描述泰國東北部的一座寺院，來自全世界各地的森林僧人聚集在這裡共同生活。它在我心中種下了一顆種子：如果我成了泰國的森林僧人會怎麼樣呢？我讀著每一本書的每一頁，都像用一滴水在澆灌這顆種子。這顆小小的種子一點一滴地長大，有一天當我和媽媽坐在廚房的餐桌旁時，一株小芽突然間就從土壤中探出頭來。

「媽媽，我打算去森林當僧人。」

「很好啊……你有認識在森林修行的僧人嗎？」

「沒有。我在一本書上讀到他們的事。」

「你去過森林的寺院嗎？」

「沒有。」

「比約恩，你真的確定要這樣做嗎？」

「是的。」

那種完全獨立做決定的感覺，又一次出現了。出於直覺的平靜篤定，這使我和媽媽都感到驚訝。這次又像第一次在西班牙那樣，我花了大約五秒鐘就下定決心。

我的雙親像往常一樣支持我。他們已經慢慢習慣我比較古怪的一面，以及早已完全放棄投入傳統職業生涯的事實。他們接受我的決定，或者我做的其他任何抉擇，從未質疑它。儘管我做的人生抉擇有多麼不尋常，爸爸和媽媽始終支持，這對我當然意義重大。

說起我爸爸的過去，他在剛成為人父時，可是全霍沃斯[1]作風最保守的父親，後來又晉級，成了全薩爾特舍巴登[2]最保守的父親。所以，要接受兒子放棄當財務長的大好前程，轉而在泰國的一座寺院裡閉目修行，對爸爸來說畢竟有難度。然而，他調適得很好。當我在紐西蘭當背包客旅行時，穿耳洞、戴耳環，他是不太高興的。當然，在他眼裡，我那幾件寬鬆、有圖案的尼泊爾農民粗棉襯衫，是很怪異的服裝。在大多數人眼中，可能也會認為這種衣著很奇怪。但即便如此，在關鍵時刻，以及我走上不尋常的人生旅程時，爸爸仍然全力支持我。

有一天我回到家，告訴爸爸和媽媽：我已經決定採取下一步。從現在開始，我要像所有虔誠的佛教皈依者一樣生活，我會遵守五戒，直到自己出家。

「好啊。五戒是什麼？」爸爸以些微懷疑的口吻問道。

我回答說，我不會殺生或傷害生命，不管是自己或他人的生命。還有不偷竊、不從事不適當的性行為、不撒謊，以及戒酒。

當我講到最後一條關於不喝酒的戒律時，爸爸說道：

「但這有點過頭了，你不覺得嗎？」

他覺得其他戒律都還好，但滴酒不沾這一點，未免有點太極端了。這就是我爸爸的底線。

佛陀非常清楚地強調，一個人與父母的關係是特殊的。感激養育你的人，是很有價值的。無論在育兒的表現有多好或多差，他們必然已經盡力而為了。這就是祂的論點。當你有了自己的兒女時，通常會有一種恍然大悟的體會：我的天啊，為人

---

❶ 譯者注：Hovås，位於哥特堡西南部的城區。

❷ 譯者注：Saltsjöbaden，位於斯德哥爾摩省自治市納卡（Nacka）境內的一處人口密集區，也是斯德哥爾摩天文台的所在地。

父母真難呀，實在好辛苦。因此我在家的最後幾個月裡，對雙親的感謝之情越來越深，變得更強烈。

當他們問我在動身前往寺院之前是否還有什麼想做的事時，我回答說，想要像小時候那樣，再去阿爾卑斯山度假。

我這麼說，他們也真的配合，我們一家人後來就一起出遊了：爸爸、媽媽，以及包括我在內的四個已成年的兒子。

或許可以說，我們家的成員在這個階段的生活方式已經有很大的差異，尤其是每天的作息規律，特別是我有很多新養成的奇怪習慣。每天早上四點半，我會坐在我們租用的阿爾卑斯山小木屋的客廳冥想，身在冰箱發出的微弱綠光中。過了一會兒，我的三個兄弟會跌跌撞撞地進來，差點就癱倒在我身上。他們去泡夜店直到打烊為止。我覺得這是說明我的人生轉向不同道路的貼切畫面。

在出家之前，我決定拋掉先前擁有的一切。我從來沒有很認真看待私人財產，對於我的東西也從未有強烈的執著，但真正將它們脫手時，內心湧起的那股難以抑制的喜悅，仍然讓我震撼不已。這種感覺就像有八杯濃縮咖啡在我的血管裡流淌。然後我還清了自己的學貸，因為想成為森林僧人，就不能有任何債務。

然後，我準備就緒了。其實也不知道自己究竟準備好做什麼了，但我毫不遲疑地離開瑞典。而且，當時是冬天，我離開得更乾脆。

第8章 Natthiko——在智慧中成長的人

一九九二年一月二十八日，我從嘟嘟車上躍下，背上自己的小背包。我第一次踏進寺院的大門。看板上寫著「Wat Pah Nanachat」（國際森林寺院）。

我走在高聳樹冠形成的穹頂下，很快便來到禪堂。空氣中瀰漫著萬金油與中式線香的氣味。二十多個來自世界各地的僧人靜靜地坐在一個低矮的平台上，吃著自己缽裡的食物。

我坐在廚房和村裡的老婦人一起吃東西，她們的孫子女們在旁邊嬉鬧玩耍。在場還有十多名來自西方國家的客人。飯後，我按照別人告訴我的方式，在住持面前跪地行禮。住持名叫阿姜．帕薩諾（Ajahn Passano），來自加拿大西部荒原，是一名伐木工人的兒子。我說明自己的來意：

「我已經拋下自己的一切，想要成為森林僧人。」

阿姜．帕薩諾溫暖與燦爛地笑了笑，他覺得這樣很好。

「你可以和其他的男訪客一同搬進宿舍。如果三天後你還待在這裡，就必須剃光頭髮了。」

那一刻，他的歡迎詞顯得簡短。在很長一段時間後，我才明白原因。住持見過很多人來寺院，當中有太多人在發現事實不如自己期待時，隨即離開。然而，過了前三天，我的決心並沒有消退，所以那時候剃光頭感覺也沒有猶疑。這種做法是為了表明你已經準備好放棄一些事，要待在這裡，也表示你是當真的。而且，它自然而然規範了訪客時間，清楚表明寺院最主要當然是比丘及比丘尼的居所，並不是背包客的免費旅館。

我和一名來自紐西蘭的男子一起剃頭，他和我同時來到此地，後來成了我要好的朋友。我們在頭上還有頭髮到完全光頭的過程中拍下照片，為自己理出的好笑髮型笑得不可開交。

幾個星期後，舉行了一個簡單的小儀式，我成了所謂的「淨人」，是穿白袍的居士。身為淨人，絕大數的日常事務仍然可以做，例如：開車、處理金錢，但是你會逐漸進入正式的修行生活。三個月之後，我成為沙彌。直到這時，我才得到自己的法號。

我們當時的住持兼導師阿姜．帕薩諾，在我眼中實在令人敬佩。我立刻對他產生一種毫無保留的信任，他也始終沒給我質疑這種信任的理由。像往常一樣，阿姜．帕薩諾在賜法號儀式的過程中翻閱了那本所有泰國寺院都能找到的書，當中根據你在星期幾出生，顯示你可以考慮的法號。每一天有數百個法號可供選擇，導師負責選一個他認為合適的。阿姜．帕薩諾建議了**「納提科」**（Natthiko）這個法號，意思是「在智慧中成長的人」，並問我覺得如何。我非常喜歡這個法號，到現在依然如此。

比丘和比丘尼得到自己的法號，用意在提醒他們新的生活方式，也就是他們的生活是「沒有家」（出家）的。這並不代表，法號的含意是為了強化你個性中的某些面向，或是鼓勵你培養自己需要的某種特質。但情況可能因人而異。比方說，我們的寺院裡有一位比丘出身龍蛇雜處的環境，說話粗俗，滿口髒話，這和寺院的生活格格不入。因此，當他得到含意為**「談吐文雅者」**的法號時，導師顯然認為，他在這方面需要一點額外的鼓勵。

身為沙彌，看起來會和正式的比丘一樣，在我們這裡是穿赭色的長袍。不過這個階段要遵守的戒律比較簡單。直到我們當了一年左右的沙彌，所有人也都認可時，才有可能成為「真正」的比丘。到了這個階段代表你選擇受更嚴格的戒律約束。慣例各不同，具體取決於你所屬的佛教流派，但上座部佛教的比丘必須遵守二二七條戒律，而比丘尼的戒律有三一一條。

最好，你要學會背這些戒律。能背戒律，會帶給你一定的地位。在泰國的僧眾中，也許有一〇%的人試過；我們這些西方人，嘗試過的大概有三分之一。這需要大量的練習。這些戒律是用巴利語寫成的，你必須學會以極快的速度背誦它們。這裡有個慣例就是，每隔兩週，我們當中的一個人就必須為整個小組大聲背誦一次戒律。如果你的速度非常快，背誦過程可以在十五分鐘內結束；要是背得比較慢，就會讓你不得人心，因為別人覺得聽起來太乏味了。我最後確實學會背戒律了，不過這是我這輩子做過最困難的事情之一。如果我說自己花了一千個小時才記住這些戒律，真的不誇張。

這當中有四條戒律是「重戒」，只要犯了其中一條，你就會失去比丘或比丘尼的資格。每個人都知道這一點，甚至不必別人來指出你犯了什麼錯。其中一條是偷盜，二是性交，三是殺人。第四條是大妄語，也就是自己的修行明明沒有達到殊勝的證悟境界，卻故意謊稱自己證得了。

回瑞典後，我最常被問到的幾個問題，都是關於在如此漫長一段時間的獨身，以及戒絕自慰。比方說，許多男性會問：要是在睡夢中遺精，算不算違背了戒律？這種非自願性的反應永遠不算犯戒。在泰國，一般來說，對生理上的漏失不淨，是相當寬容的。這種領域的輕微違規行為，通常只會引來尷尬和一陣咯咯笑聲，但並非可恥到不行。這點讓人覺得非常人性化。然而，性交是絕對禁止的。我本身不認為，獨身對心靈成長很重要，但它就是這個體制中的一個環節。你當然可以對其中的許多戒律提出異議，可是一旦選擇加入這種群體，你就必須全心全意投入。

自佛陀的時代，僧眾的傳統就是每兩週一次聚會，也就是在滿月和新月的時候。這天就像一個小型節日，在這天之前，每個人都會將頭髮剃乾淨，並且用蓮花與熏香裝飾禪堂。這天會誦完寺院所有的戒律。但在開始之前，我們會兩兩一組，面對面跪坐著，然後坦誠自己可能違犯或鬆懈的任何輕戒（輕垢罪）。比方說，明知不該打死蚊子，你卻做了，這時可以承認。但是，假如你違犯的是較嚴重的戒律，稍後就得在眾人面前提出來。

佛陀說有兩種方式能保有淨心：完全不犯錯，不然就是坦承自己的過犯。這有點像天主教的告解。舉例來說，萬一你以我們慣例禁止的方式滿足了自己的性欲，就必須在僧眾面前說出來。通常，每次懺悔的都是固定那幾個人。這些人會難為情地跪在月光下，喃喃說著這樣的話：**「我可能做了一些像……的事情。我……」**

這一幕當然有點逗趣，但在別人的失敗中看到與認清自己，也會讓我們更同心。有缺點的人，不只我一個。這句話一說出來，內心的壓力就會稍微緩解了。

我們這些來自西方國家的僧人還主動定期舉行所謂的**「交心會」**，互相交流心得體會。我們覺得它和佛教的生活方式相得益彰。在交心會上，我們會使用金剛杵（一個藏傳佛教的小法器），拿著它的人會告訴其他人自上次聚會以來遇到哪些困難、充滿挑戰或喜悅的事。每個人發言時，不會有人打斷、評論或分析；所有人都是發自內心地說話，其他人則敞開心扉聆聽。對於我們的交心會，泰國人會覺得有點好笑，因為他們認為這些聚會很西式、太有組織性了。對他們來說，在不太有組織性的環境下，彼此談論這類的事情感覺會更自然。不過他們仍然會參與我們的聚會，這往往帶來非常美好的時刻，更強化了我們之間的凝聚力。

大多數的比丘與比丘尼，已經不再遵循佛陀所制定的修行規範，泰國森林修行派就是順應這種情況而出現。因此，森林修行派的比丘或比丘尼的生活特點，就是專注在冥想、樸實與道德。我們住在散布於叢林的高腳小屋，睡在簡單的草蓆上，一天只吃一餐，也完全不經手金錢，以及過著獨身的生活。我們有許多需要習慣的新事物。

然後，重點當然是冥想了。基於我恐怕是二十世紀最糟的冥想者，我真的不是修行生活的完美人選。我無法盤腿打坐，而且冥想超過三十至四十五分鐘就會睡著。再說，各位也知道，要抗拒內心像猴子馬戲團的念頭，對我一直是挑戰。儘管已經密集訓練，加上每天投入好幾個小時的冥想，我還是花了很多、很多年才能掌握它。當我們每天凌晨三點半集合在一起冥想時，我內心的念頭大抵如下：

好喔，一次就一個呼吸。現在，我可以放下其他一切。吸氣，吐氣，吸氣，吐氣。好想知道需要多久才能達到開悟？佛陀只用了六年啊，但我猜祂背後肯定是累積了好幾世的圓滿善業。我眞不知道自己的業力是怎樣的，不過它絕對稱不上「圓滿」。我不知道這輩子就喝了多少啤酒？五千瓶？一萬瓶？如果把裝酒的板條箱一個接一個往上疊，可以疊多高呢？讓我瞧瞧……不行！不行！專心，先生，專心！繼續！覺察當下的時間最長

也不過是到下一次的呼吸而已。耐心，要有耐心。羅馬不是一天造成的。坐姿要像日本的禪僧那樣。禪，是啊……他們真的很有品味、風度，體態也比較優雅，背更挺直。書法、俳句、假山造景。我想，他們偶爾也會喝上一杯……喂，拜託！認真一點！不要瞎猜啦！專注當下！吸氣。吐氣。啊。沉定下來了。喔唷！發生什麼事啦!?剛剛有人打我的頭嗎？不可能吧？我睜開雙眼。磁磚地板距離我只有五公分。唉呀，我一定是睡著，身體向前倒下，頭就撞到地板了。尷尬了，不知道有沒有人看到？

即使面臨許多挑戰，但我從來不懷疑自己出家的決定。內心那個一直喃喃告訴我「**生活在他方**」的聲音，終於沉寂下來。

在西方國家，我學到的是，聰明才智基本上勝過一切，在商界更是如此。但在這裡，我明確證實了自己長久以來的懷疑：我們人類還有許多內在素質可以運用。有一種智慧的存在不局限於我們的大腦中，最好多求助於它。我內心那個睿智的聲音，那一路帶我到這裡的聲音，值得一聽。

有生以來，我第一次感受到，周遭世界認定的最重要事情與自己契合，這件事就是：做任何事都要全心在當下。說實話、互相幫助，還有信任沉默的程度多過喋喋不休的念頭。這就像回家一樣。

第9章 當下的智慧

我們的泰國森林修行派，是由一位非常開朗的僧人阿姜查創立的。他的靈性覺醒，加上幽默與慈愛的個性，激勵了許多人，並吸引很多追隨者。在一九六〇與七〇年代，他在佛教界變得越來越受歡迎，尤其是在以前留於印度的老嬉皮當中很有人望，許多人都找上阿姜查在泰國東北部的寺院。由於這些地區所說的泰國方言艱澀難懂，加上阿姜查的許多追隨者都是西方人，所以很快就需要一所講英語的寺院。過了一段時間後，有人捐贈了附近的一塊土地來興建這樣的寺院。我們這所在當時絕對獨一無二的國際森林寺院，就這樣誕生了。

對我們許多人來說，阿姜查可說是精神上的英雄。他有一張特別寬的臉，臉上也幾乎一直掛著同樣大大的笑容。所以，除了**「牛蛙」**，我們還能稱呼他什麼呢？

有一次，阿姜查坐在寺外叢林中的一張小竹榻上，周圍有幾位比丘和比丘尼。他拿起一把叢林刀，舉到自己身前，然後說道：

你們知道嗎？我們的才智和這把叢林刀有一些相似之處。想像一下，如果我一直用這把刀子來切割塑膠製品、混凝土、玻璃、金屬、木頭和石頭，那它很快就會變得很鈍，再也不能有效地完成它的切割工作。但是，相反的，在不切割木頭或竹子的時候，如果我讓這把刀放在刀鞘裡，那它還會有相當長的一段時間是鋒利的，能快速與高效地完成它的工作。

我喜歡這個比喻。為了讓我的才智盡可能地發揮作用，也像我希望的那樣銳利和高效，它有時必須休息。

我們實在很容易忘記，人類獲取知識的方式不只一種。也很容易忘記，我們的理性面並不是自己**唯一的**工具。我並不是說它不是我們天性很棒又重要的一面。它已孕育出很多美好又有意義的事物，包括科技、科學、醫療保健、民主、平等——無數深具價值的理念與制度。但我們擁有的，不是只有理性。我們還有另外一種獲取知識和做出決定的方式。我們擁有**受到啓發的時刻**。佛教徒稱之為「智慧」，而且他們在冥想與智慧之間建立了非常明確、緊密的連結。

有時，當我聆聽內心的聲音時，事情突然會變得清晰。這正是那個週日下午在西班牙那張沙發上，我體驗到的事。有人說它是「跟著心裡的感覺走」，也有人稱它是「直覺」。我本人喜歡將它稱為**「當下的智慧」**。我們怎麼稱呼它，或是如何找到它，都不要緊。但意識到人類具備這樣的能力，非常重要。正是因為我們生而為人，才有能力聆聽自己最智慧的聲音。它就在內心。太多人沒聽到它了，尤其在我們當前生活的時代，太容易向外尋求一切答案。想讓自己的才智偶爾休息，轉而平靜地聆聽內心，從來沒有像現在這樣困難，以及需要自我要求。

我們很容易陷入認為幸福來自外在因素的想法中。這正是發生在剛成年的我身上的事，就算到今天，我也無法避免。它的吸引力非常強。在他人的眼中表現出成功的樣子，比方說，藉由表面光鮮亮麗的職業，可以暫時抬高你的小我。但若是停下來想想，很快你就會意識到，這有點像試圖只靠糖果充飢維持生命。它在當下色彩繽紛、很享受又美味，但它無法提供持久的營養。

所有人都能獲得這種當下的智慧。每個人的內心都有一個精密調校、聲音很輕的指南針。你要做的只有格外專注地聆聽，因為它的聲音沒有像小我這麼響亮。小我很喜歡用大呼小叫的訊息，淹沒其他聲音。因此，這就是為什麼有必要偶爾將自己的頻率轉到另一個頻道。這樣就能以適合自己的方式，在日常生活中找到寧靜的時刻。這是很驚人的能力，值得培養。如果不這樣做，我們的注意力勢必會被當下叫得最響亮的聲音拉走。這就會產生內心戲、矛盾、焦慮與不滿。而且不斷要與現實鬥爭。

聆聽自己內在的聲音並非不理性，這個聲音本身就**包含**理性了。它不會讓全新的想法或靈感像晴天霹靂一樣襲來。它很可能含括你幾經思索很長一段時間的事。這個聲音就像當我決定辭去那份令人欣羨的好工作時的心聲。當然，這些念頭一直在背地裡啃噬我很長一段時間了。但你也知道，很難質疑自己投入大量時間與滿懷抱負的事，也很難放棄看起來很正確和安妥的事，無論它是一份工作、一段關係或一種生活方式。

但當我稍微放下自己的念頭，讓它們更自由地流動時，就能為更明確篤定的意念騰出空間。通常只有在我讓內心更睿智的聲音出聲時，那個決定性的決心才會出現。我可沒有用**推論的方式**要自己應該做這做那的。也沒有一個念頭引出下一個念頭，然後下一個念頭再導出一個結論。只有在我能接觸到更多自己的沉靜時刻，我才會突然明瞭這個聲音的訊息。

或者，正如愛因斯坦這位智者說的：
「理性是忠實的僕人，直覺是上天的恩賜。但我們創建的社會卻只尊崇這個僕人，忘記這項恩賜。」

第10章
古怪的群體生活

在決定出家時，我對於佛教寺院與寺院生活的樣子有一些刻板的想法。當中有些想法，我不得不修正。

首先，每家寺院的外觀都不一樣。形形色色的寺院，包括位於住宅區中心繁忙的老舊寺院，也有在大自然懷抱中的美麗寺院，以及由零星竹屋組成的寺院。此外，我也很快認清無論最後去哪一間寺院，都必須先放棄一項自己想出家的動機——這個想法就是，我最終可以獨處，真正清靜下來。

才過了幾個星期，我就清楚知道自己加入了一個全年無休的群居團體，當中包括一些我前所未見的怪咖。我們不能選擇室友，每個月還會交換一次房間或小屋。這麼做的一部分原因是為了避免我們會太執著於有些東西是「我的」。還有一部分原因是，這裡的人來來去去。你喜歡的人可能會突然離開寺院，而那些你處不來的人似乎又永遠留著。社交練習勢必會成為我寺院生活中的核心部分。這倒是我沒料到的。

起初，這對我是巨大的挑戰。我非常容易不時拿自己與其他僧人比較。我會用一些念頭折磨自己，例如：**「你沒有蘇雅托的聰明。你不像耐安拉托那麼有同理心。你的耐性不如泰賈帕諾。你沒有像昌達珂那樣安住當下。」**同時，我對每個人都有意見。他們怎麼這麼討厭！我對他們很氣憤。當他們的行為舉止不如我意時，我會很不高興。但過了一陣子之後，我意識到自己在內心製造的所有抗拒，帶來了痛苦。我的內心深處真的慢慢變得更寬宏大量。我學到不要對別人有太多意見，讓他們做自己。寺院住持鼓勵我們這樣想：

> **我們就像被沖上海灘的小石頭。當我們上岸時，都是粗糙、有稜有角的。然後，人生的浪潮滾滾而來。如果我們有力氣留下來，與岸上的其他石頭摩擦與碰撞，我們鋒利的稜角就會一次又一次、慢慢地被磨掉，然後變得圓潤光滑，還會反光，開始閃閃發亮。**

覺得別人很討厭，是人之常情。大家都會這樣。但它會耗掉大量精力。它的代價奇高無比，也讓人精疲力竭。我很樂意告訴你，這個問題有解決的方法。如果你想讓一個人好相處，行為舉止也不會讓你太反彈，其實只有一個小祕訣：學會喜歡**他們本來的樣子**。

因為在整個宇宙的歷史中，什麼時候有人要因為我到處評判他，就要變成我期待的樣子？但我們居然一直這樣做!?實在神奇，簡直是太可愛了。我們認為自己無所不能。**「我最清楚每個人應該是什麼樣子，如果他們不照做，我就打算來折磨自己的心。」**我們真的把自己看得太偉大了！

人都擁有覺察胡扯的探測器。當有人沒有坦誠時，我們感覺得到。這會讓我們不安，進而心生防備。我們會變得沒那麼關心別人，也不太容易接近。反之亦然。我們也能覺察到有人似乎在想：**「嗨！你儘管保有自己的樣子，你就是你，這眞是太棒了。你不必是其他的樣子，我接受你所有的習慣、任性又反常的一面、古怪的行徑。你就儘管在我的世界做自己。這裡有你容身的空間。」**

想像一下，別人這樣對待你，會怎麼樣？你會自然而然變得更容易相處。

透過接納彼此、讓彼此保有真我，我們會受益良多。如此一來，我們就給了彼此一個機會，可以發揮自己所有優點與全部才華向前邁進，也成為更美好的自己。

當你能安心地在真我被人接受的感覺中時，就更容易體貼別人。這也使我們能以更有同理心的方式和周遭世界互動。

當你生活在一個群體時，這些事情就會變得格外明顯——尤其是在一個全天候投入精神與個人成長的群體。我覺得起初最難相處的人，一旦和他們一起熬過我的難關時，往往到最後會變成我最喜歡的人。我們這裡有位來自奧克拉荷馬州的僧人，他討厭我整整四年，從未斷過。而且他對我的反感是天天、表露無遺、無情。由於我一直是相當介意他人對我看法的人，所以事後回顧起來，這還真是諷刺。我必須在這個部分加強修練。**我需要**有人討厭我，這樣才能認清：總是想討所有人喜歡，是多麼沒意義。

所以，過這種群體生活還是有許多好處。對於寺院生活，我最喜歡的其中一個面向就是包容性。我喜歡它讓每個人都可以加入。你不需要很聰明才能成為比丘或比丘尼。你不必在學校成績優異，甚至心智特別成熟，就能加入寺院。你需要的，只是展現善意，然後盡力而為。

森林修行派的寺院文化，是建立在共識上。住在此處的比丘或比丘尼都必須向彼此表達以下的訊息：**「我願意和你合作。你不必很完美、聰明伶俐，我甚至不需**

要喜歡你。但是我已經準備好跟你合作了。」凡事互相幫忙，這就是寺院生活很重要的一環。我們做的每項日常工作，始終都以一個我非常喜歡的原則為基礎：不管做什麼事，都要專注當下。所有的活動都同樣有價值。和路面掃除、洗碗、清理收拾相比，對當地醫院的護理人員演講並沒有更高尚或優秀。

因此，事情雖然沒有像我事先想的那樣發展，但也按照它本來該有的樣子發展了。我們正是透過隨順事情本來的樣子，學會一起生活。當浪潮一波接一波滾滾而來時，我們努力留在岸上，然後互相磨掉鋒利的稜角，直到變得光滑。

第11章
森林寺院的節奏

我的雙親第一次來寺院時，我已經出家一年了。這時我還有新皈依者的狂熱，對新的生活充滿熱情。我覺得就是它了，而且可以得到一切的答案。在我的世界裡，所有重要的問題，佛陀都能解答。但是，爸爸和媽媽會怎麼想呢？

由於寺院淨地禁菸，爸爸似乎大部分時間都在找能偷偷抽菸的隱密地方。當他們在這裡待了三天後，我再也按捺不住自己內心的問題：

「爸爸，這個地方和我們在這裡的生活方式，你覺得怎麼樣？」

爸爸看著我，抽了一口菸，說道：

「嗯，這就有點像童軍團，只不過它的道德性更強烈罷了。」

媽媽對寺院的態度就比較實際。他們住在寺院外圍的一間小屋。在抵達這裡後的第二天早上，她拿著一大塊真空包裝的鮭魚片，從小屋走到用明火烹調食物的简陋寺院廚房，然後喊道：

「今天所有的比丘和比丘尼都有鮭魚蔬菜沙拉可吃囉！」

當然，她也將芥末蒔蘿醬一路從瑞典帶到這裡來了。

那天，我們坐下來吃飯之前，我注意到媽媽非常急切想和我們的導師、住持阿姜．帕薩諾談話。可是她也知道，泰國寺院裡的用餐時間是相當莊重的，不宜打擾。僧人在用餐前唱誦讚偈後，就會安靜地吃飯。訪客通常是在廚房用餐，那裡的氣氛就截然不同，簡直像派對。

來自周圍村落的老人家將寺院當成社交中心。他們會在早上來寺院，孫子、孫女也跟著一起來，多半時間都在廚房，閒聊與幫忙煮飯。他們人非常好，知道我們這些西方人大多偏好素食，就盡量多幫我們準備一些炒蔬菜，其實泰國農村吃素的人不多。媽媽很愛在寺院廚房裡出入，她喜歡小孩子與社交——即使一個字也聽不懂，但她仍覺得很自在。

當所有僧人用餐完畢，我們的加拿大籍導師阿姜．帕薩諾也放下湯匙時，媽媽就趁機悄悄湊到他面前說：

「哈囉，我叫做凱莉，我是納提科的媽媽。你出家後多久才回家探望父母？」

阿姜・帕薩諾回答說：「哎呀，親愛的凱莉，這是妳提的第一個問題，但問到我，可真是不巧。因為妳知道嗎？當他們問我能否當這裡的住持時，我才出家三年。這是很不討好的工作，你會忙個不停，成為大家傾訴的對象。來這裡出家的人，放棄了很多，他們有很大的期望，也有恐懼。所以，擔任這個職位非常吃重。你會變得像個公眾人物，還必須承擔很多責任。我們當中的大多數人來到這裡，就是為了過更清靜、與世隔絕的生活。但我覺得，當沒有人願意接這份工作時，唯一能做的就是擔起這項責任，並接受它。接下來的十二年，我忙得不可開交，連一個星期都沒休過。因此我是在出家的十六年後才回老家探親。」

這絕對**不是**媽媽想聽到的。我沒聽清楚她究竟說了什麼，但她的表情大致上是這樣的：

「要比約恩離開家人這麼久，你休想。」

住持用「abbot」這個字顯得有點不貼切，因為它譯成瑞典語或英語是「修道院長」之意，都帶著很濃厚的基督教意涵。它往往會讓人聯想到矮胖的中世紀修士製作乳酪的畫面。但是我想不到比它更理想的翻譯來形容寺院的領導人，所以我還是使用這個單字。無論如何，它說明了誰是頭頭。除了住持之外，還有資深僧人，所有在這裡至少待滿十年的人，都能成為資深僧人。這時候，你就能獲得**「阿姜」**（Ajahn）的稱號，這個詞其實在泰文中就是「老師」的意思。

我們的寺院相當獨特，因為來自許多不同國家的僧人們雲集於此。有時，文化分歧會變得格外明顯。比如階層劃分就是一個有分歧的領域，因為西方國家與東南亞地區的僧人對此有不同的文化期待。泰國傳統上是父權制與階級制。來自泰國和它鄰國的僧人，是帶著**「家庭」**的模式來到寺院。住持成了他們的「父親」。在這種觀點下，明確的階層制度被視為正常，而扮演父親角色的領導者也受到他們天生的信任。相對的，我們這些來自西方國家的僧人是根據**「職場」**模式過寺院生活，看待住持反而更接近「老闆」的角色。這造成我們對他懷有的天生信任感較低，對於職責和分工的態度也不同。

泰國的生活在很大程度上也受情感主導。討論家務或決定時，你完全可以直接說**「這感覺不好」**。我們這些受到西方組織文化薰陶的人，有點難以理解：這樣的論點為何會得到如此的重視？

泰國的寺院生活是以日常事務為主軸，因此相對可以事先預料。它會使生活自然變得安寧。與我們在西方國家的日常生活相比，在這裡接觸到的感官衝擊少很多，因此你比較不會感覺精神疲憊。我很快就體會到，我的大腦現在沒那麼忙了。

每天的鐘聲會在凌晨三點鐘響起。我們有兩間禪堂，大家於半個小時後，會在其中一間禪堂集合。我一直不太習慣這種列隊的夜行，在黑暗中，橫在路上的每一根蜿蜒樹根，看起來都像一條蛇。其實，有時在路上的**真的就是**蛇，所以也沒必要試圖說服自己這只是幻覺。由於私人物品越少會有一定的威望，所以有些僧人堅持這一路要打赤腳，也不拿手電筒。我曾兩度踩到蛇，每次都嚇到魂快飛了。畢竟，我們要應付的，可不是什麼歐洲常見的滑蛇。事後曾有人試圖安撫我說，那條蛇的動作之所以這麼慢，沒能咬到我，是因為牠是叢林中最毒的蛇類之一，牠們的動作不需要特別迅速。

「太好了，謝謝，現在我感覺好多了。」

那間叢林外的禪堂沒有牆，風因此能吹進來。幾根柱子撐起屋頂，鋪著瓷磚的地板一角，擺著一尊金色佛像。為了驅趕蚊蟲，天花板上有好幾台異常美觀的吊扇。進到禪堂時，我們會跪拜。這個姿勢很像穆斯林的禮拜：我們的雙膝與足背貼地，然後前額與雙手手掌再慢慢著地。

禪堂並不是唯一需要這種頂禮跪拜的地方。森林寺院的慣例就是，當你要在一個房間坐下時，只要有佛像，就必須先對著佛像三拜。要起身時，也必須再對佛像三拜。由於我們一天當中的就座與起身次數不少，再加上絕大多數森林寺院的房間至少都有一尊佛像，所以你要跪拜的次數**非常多**。剛開始時，我覺得這種做法很奇怪，但後來開始明白它的重要性。

佛陀對這種儀式的本質非常有智慧與一清二楚。儀式或禮節本身並沒有絕對意義。是人為它們**賦予**意義的。身為僧人，要為自己的所有作為，賦予**對你來說**很重要的意義。

對我來說，跪拜帶來一股逐漸增加的自信感，這種無時無刻存在的篤定，讓我堅信，這個世界除了自己那個尖叫的小我以外，還存在一個更睿智的智慧泉源。

在最初的跪拜動作結束後，我們會唱誦。佛陀和耶穌的差別在於：祂在三十五歲時開悟後，尚有長達四十五年的時間分享自己的發現。佛陀會回答群眾提出的問題，同時代數以萬計的比丘尼與比丘很喜歡背誦祂這些話。因此，佛陀的話與教誨就這樣透過大量的梵唄與文字保存下來。唱誦結束後，我們展開一段長時間的冥想——這是一天的第一次冥想。

在清晨破曉以前，我們不得離開寺院，但太陽升起，就是化緣的時間——一天當中，這是我最喜愛的時段。我們五、六人一組，朝各個方向行進。我們總是光著腳、排成一列，默默地穿過各個村莊。我們每個人的缽就繫在脖子上的一條繩子上。那些願意且能夠給我們一些熟食的人，通常會站在路邊等著，或者在屋子裡喊著他們很快就會出來，禮貌地請我們稍等一下。

化緣時間結束後，我們會帶著自己獲得的捐贈物回到寺院。它們可能是水果、米飯、蛋、裝有熟食的塑膠袋、用芭蕉葉包裹的甜點。所有食物都不是個人所有物，一切都是共享的，會放到碩大的搪瓷盤上，然後被帶進廚房，需要烹調的食物會先煮過，然後全部食物再盛盤上菜。也許，附近村莊有些人家中有人過生日，或是追思心愛家人的忌日，他們通常也會帶食物來寺院。

在寺院內，我們的食物始終很充足，而且綽綽有餘。這裡很歡迎當地人來寺院，而無論是生活窮困或只是飢餓的人，都能到廚房用餐。畢竟，這裡是泰國相當貧困的一個區域。我們收到的任何捐助，也會這樣做——有多餘的，就會轉送。再加上我們的寺院名聲遠播，支持者很多，當中不乏大都市的富人，他們都很樂意捐助。多虧他們，我們的寺院才能資助當地醫院最大的醫療大樓。因此，這是很成功的資源再分配，以及我們和當地人相互依存的關係。

早上八點半，我們會坐下來吃一天唯一的一餐。我花了好多年才習慣每天只吃一餐！最初，我在大部分的行禪[1]時間都在想披薩與冰淇淋。在供餐的前半個小時，僧人、少數幾個在場的比丘尼，以及在寺院內待超過三天的訪客，就要在廚房旁的禪堂集合與就座，準備用餐。這個做法的用意就是：有意識地進食。這是在用餐時間觀照情緒的一個重點。你坐在高度及膝的壁架上，沉默與專注地進食。用餐時的座位，是依據資深程度來配置。出家時間最長的人坐在離佛像最近的位置，並最先獲得食物。

這一餐會在上午九點半結束。接下來，所有僧人會有「自由活動時間」，一直到下午三點。有很多人會花大部分時間在行禪，這是我最喜愛的活動。除此之外，你也可以靜坐冥想、做瑜伽、打太極拳、學習、閱讀、寫作、聊天、打掃、洗衣服、小睡片刻。

下午三點到五點的時間，是專門用來工作的，通常會包含繁重的體力活。畢竟，我們住在熱帶叢林裡，因此有許多草木必須清除或照料。有時還會看到多達百人拿著小桶水泥，站成一長排。總有些東西需要建造、填補、修理。我們的工作也可能是檢查收集雨水的水槽內的過濾器，或者坐在電腦前更新簽證。

經常落在我身上的差事，就是接待眾多來訪的客人。我們都有不同的責任範圍，負責時間長短不一。我出家生活中有半數時間，都是擔任接待訪客的僧人。我能說六種語言，當然就派上用場了。即使得做好經常被干擾的心理準備，但大致上我認為這是一項很愉快的任務。由於我們的寺院有獨一無二的國際特色，因此它成了相當受歡迎的探訪點。幾乎每天都有滿載遊客的觀光巴士來到此地，他們渴望了解我們過的生活。許多泰國人發現，來自西方國家的僧人真是充滿**不可思議的**異國風情。就算對泰國人來說，也會認為出家為僧不是一件易事。**他們**這些從西方國家來的人居然能拋下一切，過著這樣的生活，而且還堅持下來！泰國人常常對此印象深刻，並很誇讚這一點。

---

❶ 編注：行禪又稱「經行」，是指在走路中冥想。

下午五點，大家熱切期待的午茶與咖啡時間終於來到。從早上九點鐘起，除了水以外，我們就禁食了，因此到了這個時間，甘甜的熱飲是最受歡迎的。我個人的咖啡癮很重，而少了咖啡當然就攸關著我無法持續保持清醒了。下午茶時間通常很有趣和愉快。有時會有提問時間；有時候，我們的導師會坐下來，對我們高聲談起哲理。

傍晚六點半到七點左右，我們會起身去洗自己的杯子。這是我冥想一段時間的理想時段，因為喝了咖啡，沒那麼容易打瞌睡。到了晚上八點半，我們又會聚集於禪堂，重複與早晨大致相同的程序——跪拜、唱誦梵唄、冥想。尋常的一天在晚上九點左右會結束。導師每週會挑選一、兩天晚上講課，那我們上床就寢的時間就會接近晚上十點。

有個下午茶後的晚上，我記憶特別深刻。我像往常一樣，獨自冥想了一會兒。快晚上七點了，除了幾盞蠟燭的光亮外，我的小屋裡一片漆黑　。我一個人獨坐著，然後就聽見肩後傳來一個聲音。那是一位僧人朋友來告知廚房那裡有人找我。在冥想時有人打擾，是極不尋常的，所以我當然很想知道對方是誰，但朋友不願多說。我們拿起各自的手電筒，照亮了返回廚房的路。

我遠遠看去，只能在昏暗中辨識出兩個人模糊的身影。當我們走近時，一道明亮的聚光燈亮了起來。太刺眼了，我開始猛眨眼睛，然後感覺到有人朝我的臉推上毛絨絨的東西。我認出它是覆上防風罩的麥克風。當我抬起頭時，看到拿著它的人。那是一張我認識的面孔，這時我用上自己所有的佛法智慧，唯一想出的話是：

「我在電視上見過妳！」

她是瑞典記者史汀娜・達布羅斯基（Stina Dabrowski）。

史汀娜和她的電視小組來到泰國原本是要採訪蒲美蓬國王，但他臨時取消會面。隨後瑞典駐泰國領事館的人告訴他們，有個瑞典人，過去是經濟學家，目前在泰國接近寮國與柬埔寨邊境叢林出家，成為森林修行派僧人。史汀娜與她的攝影師於是抓住機會造訪我們的寺院，讓他們這次千里迢迢的出訪不虛此行。他們在寺院住了一天，第二天早上，我們化緣時，史汀娜也跟來了，並在我們每個人的缽裡放了幾根香蕉。

早餐後，史汀娜與攝影師在叢林裡準備了一個相當舒適的地方，他們在地上鋪了一張墊子，讓我們可以坐在那裡接受她的採訪。她對於寺院的反應是百感交集的：一方面，她覺得這裡是一個美好的地方，人們都很和善、傾聽彼此、互相幫忙、動作沉穩與柔和。簡單來說，人們專注當下。這很容易讓人喜歡。但另一方面，這些居住在寺院的人已經遠離了「普通人」似乎在人生中優先考量的一切——從週五晚上的啤酒、與朋友共進豪華晚餐、再到生兒育女或戀愛關係。這個抉擇，會觸怒許多人。

當史汀娜在採訪過程中提出以下問題，也許就是激怒了她：

「但說真的，比約恩，如果每個人都決定要當僧人，世界會變成怎麼樣？」

我平靜地回答：

「史汀娜，我想這起碼和所有人都決定當節目主持人一樣好。」

第12章 自媚的智慧

很難想像泰國森林寺院是多麼缺少刺激。當然，這裡無法接觸到我們西方人習慣用來轉移注意力的那些娛樂或流行文化。寺院圖書館最多人借閱的書，就是我那位有品味的弟弟每年都會送給我當生日和聖誕禮物的書──《凱文的幻虎世界》漫畫集。令人驚訝的是，我們當中讚賞這些文學作品的人，為數不少。你應該看看這些書的磨損與破爛程度有多嚴重！有一個特別沉醉於《凱文的幻虎世界》的僧人，就是康德如（Kondañño）。他的一個有趣怪癖就是，對佛教和冥想相關的一切，完全不感興趣。其實，他只喜歡寺院生活中的實務面，比方說，蓋東西，或者看漫畫書。

有天，我坐在禪堂裡等著開飯。正如我前文提到的，一旦每天禁食多達二十三．五小時，你很容易特別想食物。我已經到了一心只想著食物的地步，因此滿心期待地坐著，注意到這天的自助餐中有我最喜歡的食物──一種用煮過的椰奶漿拌入黏稠糯米，再搭配新鮮熟芒果的甜點。一想到這份甜點，我就難以耐心等待，也很難靜下心來感激這天得到的食物。我將大半的心思用在計算那份甜點的備量是否足夠，讓我能吃到。因為當時我還是新進僧人，所以前面有許多人會比我先取餐。我有些焦急地環顧四周，想找點食物以外的事情來思考。這時，右手邊一個色彩**極爲**鮮豔的塑膠圓桶，引起我注意。

在斯德哥爾摩商學院，我學到的是：市場經濟要蓬勃發展，資訊必須自由流通，這樣所有的市場參與者才能獲得同樣多的資訊。寺院這個經濟體在很多方面上都是**不完美**的。它完全建立在捐贈、救濟與慷慨資助上。我們不會勸募任何東西，唯一的例外就是，如果有人說要提供幫助，並詢問該怎麼做才最好時，我們就得做出回應。不過，在大多數情況下，很多人只是帶來了他們認為我們需要的東西。這樣做的結果之一，就是我們有些東西是**極度**過剩的，例如：衛生紙。我們的衛生紙，簡直多得誇張！當不斷尋找新方法為這些衛生紙創造新用途時，我們的創意可是無限的。

寺院有位富有的曼谷贊助者去日本旅行時，在那裡發現有個中空的塑膠圓筒，可以箍住一個捲筒衛生紙。之後，你鬆開衛生紙中間的紙芯筒，這樣就能從這個孔洞中拉出適當長度的衛生紙，讓一個不悅目的捲筒衛生紙變成方便的抽取式餐巾紙，適合放在餐桌上。

要說亞洲在整體上對自媚情有獨鍾，想必不為過，尤其是在日本。上述的塑膠圓筒，就是典型的例子。我就這樣呆坐在原地，快要被這個夾雜鮮黃色與豔粉色凱蒂貓主題的容器催眠了。

由於極度缺乏外在刺激，我索性拿起它看了一下，想要瞧瞧上面是否印了什麼東西。這很像我小時候的舉動——當時還沒手機，我會邊吃早餐邊看著牛奶盒包裝上的文字。而我也沒失望，在**最下方**，圓筒的底部附近發現一些英文字，這讓我很樂。這段文字寫道：

知識對自己所知的一切感到驕傲。智慧在自己不知道的一切面前謙虛。

誰會想到呢!?雋永的智慧，就這樣印在一個醒目的塑膠圓筒上。它提醒我，不陷入「過度自信」狀態，高估自己所知，非常重要。如果一直執著地認定自己「早就知道了」，你就會變得很難接近，也錯過很多。如果想要汲取更高的智慧，就必須放下一些信念，對「不知道」感得更自在。自以為知道了，往往是很大的問題。明白自己「不知道」，永遠都不會是大問題。

如果總是執著地認定自己早就知道了，又怎麼會看到新事物呢？又怎能學習呢？我們怎麼能有彈性、臨機應變、玩耍呢？又怎樣才可以找到「一加一等於三」的方式呢？

一個從未傾聽自己睿智聲音的人是什麼感覺？一個人不斷被自己的念頭催眠的感受是什麼？一個陷入過度自信的人又是怎樣的感受？如果你想知道，我可以舉一個具教育性的例子，它來自西方智慧大全中的一部作品：《小熊維尼》。

在一個故事情節中，小熊維尼和朋友小豬一起外出散步。我相信你一定能想像以下畫面：

小熊維尼身穿他的紅色短袖T恤，小豬穿著自己的粉色條紋泳裝。當他們經過兔子的房子前方時，小豬停下腳步，簡直是欣喜若狂與欽佩萬分，他抬頭望著那棟房子說：「兔子真是博學多聞。」小熊維尼看起來若有所思，但什麼話也沒說。他們繼續往前走。過了一會兒，小熊維尼停下腳步，轉身對小豬說：「是啊……也許，這就是他什麼都不懂的原因。」

這一點，你能體會吧。陷在自己思維迷霧中的人，是無法活在當下的。他們會受到局限。兔子或許非常聰明、博學多聞，但如果問我想過兔子還是小熊維尼那樣的生活時，答案很明顯——至少對我來說是如此。而且我認為，所有人都應該找到內心的小熊維尼，這對自己是有助益的。要更常帶著小熊維尼那樣的目光走進這個世界——睜大眼睛、警覺、留意。

向一個有如「兔子」般的人敞開心扉，很少讓我覺得有意思，因為這個人總認為自己早就知道了。大多數時候會覺得這種人並沒有真正在聽我說話，而是忙著琢磨等我說完後他們要接什麼話。他們往往會不斷評估我所說的話。如果我的意見與觀點和**他們的**世界觀吻合，我才會得到認可。這樣的互動不會產生任何魔法。換句話說，和這樣的人在一起沒那麼有趣。

相反的，向一個不執著、會多關注我們的人敞開心扉，我們都知道有多好，因為這個人帶著好奇心與開放的心聆聽，對吧？會覺得有個人甚至能設身處地為你著想、與你並肩同行一陣子。這樣的傾聽，真的很療癒。互動能到這種程度，我們會發現關於自己的許多事：**哎呀，瞧瞧我這下分享、解釋、講述的事，竟然是自己沒意識到的想法、感受或信念呢。這真讓人興奮啊！**不帶偏見與評斷的聆聽，能幫我們了解自己。這可不是小事，而是相當有價值的。

相信現在你鐵定已經注意到，我很喜歡故事。我不知道以下這則很特別的故事是從哪裡聽來的，但還是想講一下。故事是關於一個爬山的人。他已經爬到半山腰，看到山勢的陡峭了。山路很窄，而且剛下過雨，地面濕漉漉的。路上有一塊圓石，已經變得特別滑了。這個人沒看到它，於是一腳踩上去，滑了一跤，就摔到懸崖邊緣。他伸出雙手，拚命地想抓住東西。奇蹟似的，他成功抓到一棵從岩壁橫向長出的小樹。他就這樣掛在那裡。

過去，這個人從未對靈性領域的事感興趣，也不曾表明自己信什麼宗教。時間一分一秒過去，他的雙臂漸漸失去力氣，開始顫抖。下方是五百公尺的深崖。一旦鬆手，他會從五百公尺的高處墜落。最後，他開始恐慌——因為發覺自己撐不了多久了。因此他轉而望向天空，試探著說道：

「哈囉？上帝？祢能聽到我說話嗎？我真的需要一點幫助，如果祢真的存在，能否幫幫我？」

過了一會兒，一個低沉帶威嚴的聲音從上空處傳來。

「我就是上帝。我可以幫你。但你必須完全按照我說的話去做。」

男子回答：「上帝啊，祢說什麼，我就做什麼！」

上帝說：「鬆手。」

這名男子想了幾秒鐘，然後說：

「呃……上面還有其他人可以和我談談嗎？」

這個故事對我來說很有意義。因為當我陷入某種頑固的信念時，**正是**這種感覺。我會**不想**放下這個念頭，因為它是**對的**。

我們很容易落入這種「邏輯」，尤其是在情緒低落時。我們會緊抓著一些固著信念。也許這時會想起讀過的書提到，人很容易低估自己的念頭帶來的傷害，以及相信那些帶來傷害的念頭，因此為自己製造不少沒必要的精神痛苦。可是下一刻，我們就會想：**「說得好，聽起來好有智慧，但那個念頭，我永遠都不會放掉。它是眞的，它千眞萬確！」**

是的，從你當時受到局限的視角來看，它或許千真萬確。但是，它對你造成什麼影響？

練習放手是我學到最重要的一課。這項智慧真是太重要了。越來越能放手，我們就會受益無窮。要擺脫那些讓我們受傷、感覺委屈、無用、孤獨、恐懼、悲傷和憤怒的念頭，唯一的方法就是放掉，就算它們是**對的**。當然，說很容易，做起來很難。但有一點很重要：我們最難放下的念頭，到頭來往往對自己的傷害最大。

第13章 有魔法的箴言

我們每週會有一次的通宵打坐冥想。我們有時唱誦梵唄，有時跪拜，但大部分時間都在安靜冥想中度過。這個場合簡直就像佛教的做禮拜日，相當莊嚴。我總是帶著憂喜參半的心情期待這個特別的夜晚。喜悅，是因為它們實在很美妙。至於憂心的原因，就是要保持清醒對我實在太難了。

有一個晚上，我記憶特別深刻。這天的夜空高掛一輪明月，一片清朗澄淨，沒有風。我們坐在很美的禪堂裡，這裡的大窗口都沒有裝玻璃窗。窗外自然的熱帶叢林帶來多到不得了的各種聲音：鳥叫、蟲鳴，以及動物在地面上移動時樹葉發出的沙沙聲。熏香與萬金油的熟悉氣味來來去去。數百根蠟燭照亮了這間用蓮花妝點得很漂亮的禪堂，還有兩尊閃閃發亮的黃銅大佛像端坐前方，注視著我們。它們大約三公尺高，每週在這樣的冥想夜前一天，會有三十名僧人用銅油仔細擦亮每一寸，讓它們在燭光下看起來更加閃亮。

禪堂內滿是僧人與信眾。最後，大約會有一百五十人在地板上盤腿冥想。好吧，應該說至少有一百四十九個人在冥想。我多半只是坐著，努力保持清醒，但絕大多數時候都不敵睡意。對我來說，通宵冥想根本是一段漫長的練習丟臉時間。我很難不打瞌睡。我真的努力試過了。我猜自己的模樣應該有點像暗夜中的一艘船，在疲憊中來回搖擺。

很諷刺，不是嗎？我放棄了這麼多，就是為了這個。我拋掉前途光明的工作、扔下自己擁有的一切、離開我愛的人——全是為了成為泰國的森林僧人。而比丘與比丘尼應該花很多時間做的一件事，我顯然完全辦不到。

讓我鬆一口氣的是，在午夜時分左右，情況開始好轉。就在這時，有位來自美國、曾是爵士鋼琴家的沙彌，提著幾個鋁製茶水壺進來。在剛剛的一小時裡，他和其他幾名沙彌為大家準備了濃郁的甜咖啡。住在寺院的我們，坐在美麗、通風的禪堂一側。我們二十個僧人，出身的國家幾乎不同，這時帶著虔敬的心喝著咖啡。有人打趣說，這位沙彌可有前途了，因為他煮的咖啡真是好喝。

最後，我們的導師走上講台，開始當夜的講座。我遇到的第一位住持阿姜·帕薩諾，已經離開泰國，在美國開辦了一所新寺院。他的繼任者是另一位傑出的比丘——來自英國的阿姜．賈亞薩羅（Ajahn Jayasaro）。他盤腿而坐，調整自己那件赭色的長袍。阿姜．賈亞薩羅擁有寬大如海的心胸，敏銳如刀鋒的頭腦，是一個剛柔並濟的人。

禪堂裡的所有人，無論是僧人或信眾，都全神貫注。阿姜．賈亞薩羅是很厲害的講者，在這個特別的晚上，他開頭的第一句話就出乎大家的意料：

「今晚，我要傳授你們一句有魔法的箴言。」

我們都大吃一驚。泰國森林修行派最著名的就是：摒除任何與魔法、神祕主義有關的事物；它認為這類事物不重要。阿姜．賈亞薩羅繼續用他那幾近無懈可擊的泰語平靜地說：

「下次，當你感覺到衝突開始悄悄醞釀、你和一個人的關係演變到快破裂的時候，只要用任何你喜歡的語言，真誠與篤定地對自己重複這句箴言三次，你的擔憂就會雲消霧散，就像夏日清晨草地上的露珠。」

他緊緊抓住我們的注意力。現場鴉雀無聲，每個人都傾耳急著想聽他接下來要說的話。他的身子微微向前傾，為了製造效果稍微停頓了一下才說：好的，你們還在聽嗎？這句有魔法的箴言是這樣的——

我可能錯了。

我可能錯了。

我可能錯了。

這一夜已經過去二十多年了，但我不曾忘記。有種感覺也許你知道：在大腦完全能理解一項真理之前，身體老早就已經察覺它，並做出反應了。這類的真理會深植於心，而且永遠牢記。

話雖這麼說，但我會第一個承認，在最需要這句箴言的時候，特別難想起它。但當我確實想起它時，它對我總是能發揮作用。它一直推動我朝更謙虛、有建設性的方向前進。這個智慧是永恆的，當然也不屬於任何特定的宗教。

我可能錯了。如此簡單、如此真實，又如此容易忘記。

在一次我妻子伊莉莎白也在場聽的演講中，我提到這句有魔法的箴言。第二天早上，我們在早餐時為了一些事起爭執。有時候，我內在那個頑固的四歲小孩非常容易出現，所以我會為了一些芝麻小事惱怒。我很惱火，因為**知道**：就算生氣，但完全沒有好的論據，我根本站不住腳。我明白為了這種事抓狂，荒謬透頂，但還是生氣了，而且無法像自己希望的那樣迅速放下。所幸，我很有福氣，有一個比我考慮更周全、情感更成熟的妻子。因此，她冷靜、帶著一絲幽默感地說：「比約恩，你昨天說的那句箴言，也許現在是使用它的好時機？」

我坐在早餐煎蛋的對面，然後那個像四歲小孩的我暴躁地噘起嘴，咕噥道：「不對，我現在用的是不同箴言——**妳**可能錯了。」

當然，我這時是有點耍嘴皮。此外，如果你有異議，覺得這句箴言過於簡化，我也能理解。但我可以告訴你，能有這麼謙虛的觀點，可真是不容易，尤其在氣頭上的時候！在這整個世界上，是否有人的小我會認為說出**「我可能錯了」**是輕鬆與自然的一件事？

答案是否定的。

生而為人，是否可以進入更成熟的狀態，總是能完全意識到事情**可能**錯了？

當然可以。

想像一下，如果大部分人在絕大多數情況下都能想起自己可能是錯的，這世界將會是什麼樣貌。想想這種情況下的對話會變成什麼樣子。

早在八百年前，波斯蘇菲派大師魯米就說過：「在是非對錯的想法之外，還有一片原野。我會在那裡與你相遇。」我深信，有越來越多人會渴望這片原野，以及這樣的相遇。

我記得後來到英國的寺院過出家生活時，有一次和人為了一件事情吵架。我們寺院那位相當傑出的住持阿姜・蘇西托（Ajahn Sucitto）看著我說：**「正確從來就不是重點。」**

那當然！只不過，這種念頭在我們心中根深柢固！但沒有人需要打一開始就擅長從未練習過的事。每一個人都有嘗試的權利，而且我們自然而然比較想嘗試能提升自己幸福感的事情。碰巧的是，最能保證這種幸福感的，莫過於漸漸習慣**「我可能錯了」「我可能並非無所不知」**的想法。

人都很喜歡認為自己對眼前發生的事很了解，也能準確解讀各類事件與周遭世界。覺得自己就是**瞭若指掌**。也自認可以決定與斷定各種現象的是非好壞。我們往往認定，生活**應該**按照自己的希望與計畫發展。但通常情況並非如此。不預期生活按照自己認定或感覺該有的方式發展，這是一種智慧。理解自己其實一無所知，就是一種智慧。

第14章 可能是，可能不是

我最喜歡的一個故事，是中國的寓言。第一次聽到這個故事是在另一個通宵冥想夜中，來自英國的住持阿姜・賈亞薩羅說的。這一天和往常一樣，很多人來參加，有人來自附近村莊，也有人遠道而來。這一點我就要提一下：阿姜・賈亞薩羅在泰國已經開始很有人氣。他在非常年輕時就出家，在我進這間寺院時，他已經出家十年了。他大概只比我年長五、六歲，但那時在佛教界已經相當有聲望，備受敬重。他寫的幾本佛教著作大受好評，也是受歡迎的冥想帶領人，而且有時會上電視，認得他的人不少。

阿姜・賈亞薩羅在泰國航空公司的員工中可是特別受歡迎。那天晚上，有好幾位員工就從曼谷飛到這個小鎮，和我們一起通宵冥想，第二天早上再搭飛機回去上班。眼前你也許會看到一個畫面：大約二十五到三十名的僧人，全正值性欲旺盛的年齡，而且單身。**真的**是單身。我們在禪堂一側膝蓋高的平台上坐成一排。在我們斜前方的地板上，八至十個**非常漂亮**的泰航空姐盤腿而坐，模樣很祥和。

此刻，仍和昏睡奮戰的我忍不住想偷偷窺看這幾名空姐。呃，只瞄一下下就好。當然，下一個念頭就指責我了：**嘿，比約恩，這樣不行。認眞一點，你這樣就太不像僧人了。你不能在應該冥想的時候，這樣偷瞄妹子。打起精神來！**但我一直和自己在爭論，堅持認定想偷瞄的人，其實並不是**我，而是生物學或什麼的，反正就是那個確保人類這個物種存續、可以從人類起源地非洲草原遷徙到這裡的機制。它是正面、充滿生命力、完全沒有錯的。佛教很棒的一點就是，它不會因爲基本的生理衝動來羞辱人。這一點都不奇怪。完全自然！而且，如果我非常、非常迅速地偷瞄一眼，也許不會有人看到吧？**

我容許自己在一微秒的時間之內，朝那群空姐的方向偷瞄一眼。感覺毫無破綻。**絕對不會有人察覺。或許，我可以多看一會兒？**

夜間的冥想，繼續以緩慢的節奏進行著。許多信眾都以警醒又平穩的姿勢筆直地坐著。我拚命想盡辦法不讓自己睡著，其中一件事就是，在食指與拇指之間夾了一根縫衣針，讓自己保持警覺和清醒。我的計畫是，在我快要睡著、肌肉開始放鬆時，這根針能喚醒我。但是，不，這行不通——當它扎到我手指時，我還是照睡不誤。到最後，無法保持清醒讓我很絕望，所以決定改用行禪了。行禪，我通常會做得比較好。我走到禪堂的後方，結果又發現，我連走路都能睡著。最後是因為膝蓋一軟，差點跪倒在地，我才醒來，這種感覺真的好討厭。

但是有這種問題的，可不只我一個。還有一、兩位僧人和我同病相憐。其中一位來自美國，他的絕望起碼和我不相上下。他甚至去自己的小棚屋取來一塊布。當他回來時，就走到禪堂後方一根柱子前，把手中那塊布扔到牆面的吊扇上，再抓住布下垂的兩端打結，成一個小環狀，然後將自己的頭塞進小環裡，這樣他就能繼續站立冥想，不會倒下了。

在我們的信眾當中，我最喜歡的是一名優雅端莊的婦人。她已經八十多歲了。儘管她是在家居士，但從未錯過我們的通宵冥想。她總是將頭髮挽成一個銀色大髮髻。她有一張慈祥的圓臉，簡直是**光彩照人**，看起來就像天人一樣，非常動人。令人印象深刻的是，她每次總是能坐正一整晚，就算背像掃帚一樣筆挺，仍然絲毫不顯僵硬。

這天晚上，這位女居士曾一度離開禪堂去洗手間，在走出去時經過我們身邊。當她回來時，多打量了我們一會兒。隨後她逕自走到坐在最前方的住持面前，跪了下來。由於我們在冥想時，通常不會打擾彼此，因此這個舉動極度不尋常，但她仍然這樣做了，還輕聲地說：「對不起，真的很抱歉要打擾你，但我真的得這樣做，因為我覺得後方的美國僧人快要自盡了。」

午夜時分，沙彌按照慣例帶著熱飲進到禪堂，咖啡也讓我的精神振奮了一點。之後，終於到了我們導師的講課時間，這很類似基督教的主日講道。我們當中有許多人都非常期待這一刻，我也不例外。對我來說，阿姜．賈亞薩羅是個了不起的好榜樣，也是帶來啟發的源頭。他一開口，我就恨不得整個世界都靜止不動。我不願意錯過他說的任何話。

阿姜．賈亞薩羅很有自信地開始他的講課。在我們的寺院中，平常主要的交流語言是英文，但由於有很多當地信眾來參加通宵冥想，因此講課必須以泰語進行。阿姜．賈亞薩羅的泰語學得非常好，我也經常利用他的講課訓練我的泰語。因為他是英國人，他說泰語的速度比當地人慢一些，講得也比他們清楚一點。

那天夜裡，阿姜．賈亞薩羅講了一個很像古老神話的中國故事。他說，在一個中國的小村莊裡，住著一個非常有智慧的老人與他那已經成年的兒子。他們隔壁有一個很愛講閒話的鄰居。

這名有智慧的老人與他的兒子擁有一個小農場，當中有幾塊稻田。為了幫助耕作，他們還有一匹馬。有一天，這匹馬從圍欄裡逃走，跑進森林裡。愛講閒話的鄰居從籬笆的另一邊探出頭來哀嘆道：

「噢，不！昨天你還有一匹馬，現在已經沒有了！連一匹耕地的牲口都沒有，你是要怎麼種田呢？真是太不幸了！」

有智慧的老人用一句近似泰語「Mai nae」意思的話回答他。這句話的意思大致上是**「怎麼知道啊？」**。我喜歡將它翻譯成**「可能是，可能不是」**。

幾天之後，這匹馬自動從森林裡回來，還帶回了兩匹野馬。這三匹馬快樂地乖乖進入圍場。老農夫關上柵欄門，看到那個愛講閒話的鄰居再來探頭了：

「喔唷！昨天你連一匹耕地的牲口都沒有，今天你可有了三匹馬。你可真是幸運啊！」

有智慧的老人平靜地回答道：

「**怎麼知道啊？**可能是，可能不是。」

過了一陣子以後，馴服這幾匹野馬的時候到了。老人的兒子擔起這項任務。但沒過多久，他就從一匹馬上掉下來，摔得很嚴重，腿斷了。愛講閒話的鄰居又探頭來說了：

「不好了呀！你那唯一的兒子，是唯一能幫你幹農活的人，現在他腿斷了，你耕作時，他再也無法幫你了。這真是太不幸啦！」

老人回答道：「可能是，可能不是。」

又過了一陣子，人們見到皇室軍隊的旗幟在山丘上飄揚，正朝村子進逼。與蒙古接壤的邊境地區爆發了戰事，所有適齡的役男都被徵召入伍，要與蒙古人作戰。當然，老農夫的兒子不在此列，因為他腿斷了，可以留在村裡。那名愛講閒話的鄰居再度出現說：

「想想看！其他人都失去自己的兒子，當中有許多人想必永遠回不來了，但是你的兒子保住了。多麼幸運呀！」

老人說：「可能是，可能不是。」

老農夫不相信，人有可能會知道生活中發生的事情是好是壞。放鬆對這類信念的控制，是一種解放，也是一種智慧的象徵。記住我們對未來知之甚少，客觀地將我們**相信**與**知道**的區分開來，會獲益良多。我很少聽到有人說：「一切都照我想的樣子發展。」相反的，至少我可以說，我一生中擔心的大部分事情，從來都沒發生過。至於大多數確實發生的事，我永遠都無法預料。

第15章 鬼魂、苦行生活與悲傷

在森林修行派中，比丘與比丘尼盡最大努力在森林與叢林中生活。同時，他們完全仰賴他人提供所需的食物，這也讓他們無法離群索居。因此，大多數寺院都位於一個或多個村莊附近。有個特別適合居住的地方，就是所謂的「火葬園」，因為它們周圍的森林通常維護和照顧得很好。我們的寺院就建在這樣的園區附近。

「火葬園」是泰國一般村莊火化死者的地方。村民們會每個月一次或數次，運來一只敞開的大棺木，並將它放在專門為此目的建造的土墩上。他們會在棺木下方生火，然後看著遺體慢慢燃燒。我曾多次目睹這樣的情景，這有助於我更自然、有意識地看清死亡是生命的一部分。

火葬園除了環境優美以外，也是很適合寺院的地點。因為許多泰國人對鬼魂的恐懼幾乎到可笑的地步，這給了住在寺院的人有一定程度的隱密性。村民們相信鬼魂會出現在火葬園，或者經常在附近徘徊，因此大多數的居民都不敢靠近，尤其是晚上。

有一年的二月，我記得我們像往年一樣離開炎熱的泰國東北部，前往緬甸邊境涼爽的高原叢林區。我們的巴士停在泰國中部北碧府郊區的一個村莊，村民正焦急地等候我們到來。結果原因是，令人毛骨悚然的尖叫聲讓他們徹夜難眠，而這些鬼魂都是用英語發出尖叫。這個村裡有一個可以追溯到第二次世界大戰的亂葬崗，許多盟軍士兵長眠於該地——他們是被抓來的戰俘，在建造「死亡鐵路」和桂河大橋時喪命。

我們這二十來個大半來自西方國家的森林僧人，在亂葬崗上站成一個圓圈。我們用禮儀語言巴利語唱誦了很多佛經和傳統梵唄，然後住持阿姜·賈亞薩羅再直接用英語對著鬼魂說：「我們為和平而來。你們在晚上尖叫驚嚇到村民。你們現在已經死了，這裡沒有適合你們的事物。是時候繼續前進了，請安心去吧。」

不知道為什麼，這樣做就夠了，它會奏效。鬼魂的尖叫停止了，村民們因此可以繼續過生活，而我們也能過自己的生活。

每年，我們會在高原叢林中度過兩個月，這是我最能感覺自己是大自然一部分的時候。當巴士再也無法繼續向前開時，我們就會徒步走最後一段路，這會花幾天的時間。一群緬甸外籍移工已經為我們在叢林裡做了竹床。每張竹床的間距都很大，這樣在自己的床位就不會看見或聽見其他人的動靜。

夜間，我和叢林之間僅僅隔著一層蚊帳。我可以聽見昆蟲足部觸及蚊帳單薄頂部時所發出的噠噠聲、蟋蟀的鳴叫聲，以及樹葉間不明的沙沙聲。有時候，坐在那裡冥想的過程中，我會覺得自己就像餐盤上的一顆肉丸，就等著有人或什麼東西來吞噬我。

有天晚上，一名來自荷蘭的僧人在河邊遇上兩頭老虎。幸運的是，當時的牠們已經吃飽。但他還是嚇壞了，死命拔腿跑開。之後，大家拿「飛翔的荷蘭人」❶開了不少玩笑。

我自己倒是在有個夜裡聽到巨大的撞擊聲，但我只是翻個身又繼續睡。第二天早上，在距離我竹床不到二十公尺的河灣處，滿是大象新留下的足跡。

有一次我們在高原叢林中吃完飯後，被要求協助搬動一尊巨大的黃銅佛像。在山頂上建了一座小寶塔，佛像必須搬上去。有人開來一輛裝有絞盤的荒原路華車。其他人則鋪設圓木，要用來滾動運送佛像。緬甸人動手做了起來，泰國人也捲起袖子幫忙，許多僧人也加入，而我們幾個西方人則從這場騷亂中退了出來。我們站在一旁，開始指指點點，建議了可以更快與省力完成工作的方法。我們的住持阿姜・賈亞薩羅這時將手放在我的肩上說：「納提科，重點不是我們怎樣有效率地執行這件事，而是每個人在完成工作後的感受。」

清晨，我們會步行下山，在峽谷區短暫地化緣。長臂猿在樹冠上縱聲長嘯，半馴化的犀鳥已經在等我們的剩菜了。這個村莊很窮，所以我們這段期間的每日飯菜都相當精簡。有時，不過就是米飯、香蕉，或許再加上一點點沙丁魚罐頭。這裡的生活在許多方面都比我們平常在寺院時更苦，而我以前也從未在這麼嚴酷的處境下被迫面對自己。在這裡汲取的經驗，使我的人生自此變得豐厚。

在出家的第二年，我選擇到柬埔寨邊境一間非常貧困的森林寺院，我成了那裡唯一的西方人。我們不時會聽見遠處地雷的爆炸聲。通常，觸發地雷的，都是牛或山羊。

❶ 譯注：The Flying Dutchman，又稱為「漂泊的荷蘭人」，為傳說中一艘永遠不會返鄉的幽靈船，只能在海上漂泊。日後則成為十九世紀德國劇作家理察・華格納（Richard Wagner）等文藝創作者的作品靈感來源。

阿姜查曾說：**「身爲森林僧人，就是要努力放下，然後九〇%的時間又無法做到。」**我一天又一天被提醒這一點，尤其是在吃飯的時候。化緣後，所有的熱食都會先交給住持阿姜．班莊（Ajahn Banjong）。他會將所有的食物倒入一只大桶裡，水牛肉片（上面還黏著幾根毛）、沙嗲雞肉和魚乾全混在一起。

「嘿，食物就是藥。你們這些年輕的僧人，放下對食物的偏好才好。」阿姜．班莊總是這樣主張。

你可想而知，我在那一年吃了很多水果。

在雨季的三個月裡，我們專注在冥想的時間比平常更多。阿姜．班莊決定，在晨間冥想時，所有人都得在頭上放一只火柴盒。掉兩次以上的人，那一天只准吃米飯。對我這種臭名昭彰的瞌睡蟲來說，這當然是超級挑戰。但在那一年的雨季期間，除了一天之外，我每天的碗裡不僅有米飯，還有其他的食物。我在火柴盒的其中一側黏了一塊粗布，這對我有點幫助。我還學會了睡著時上半身雖然向前傾，但下巴仍然可以抬高。

在出家的第四年，我再次有機會去一間沒有其他西方人的寺院生活一年。我抓住了這個機會。這間寺院位於曼谷機場附近。這間寺院剛建成時，周圍全是稻田，但十年後當我來到這裡時，寺院四周都是連棟透天厝住宅區。我從自己簡陋的小棚屋裡，都可以直接看到鄰近連棟透天厝裡的廚房。其實只要有人開冰箱，我甚至能看到它裡面有什麼東西。沁涼的泰國勝獅啤酒，看起來特別誘人。

在這一年裡，一種難以言喻的悲傷在我胸中越來越強烈。我不明白為什麼，或它是怎麼一回事。我試著去感受它，努力要接受它，與它進行對話，也試圖對它保持耐心。但似乎沒什麼幫助。它就只是盤踞在我的胸口，吸走我生活中的喜悅。

一天下午，在午茶與咖啡時間過後，我覺得自己到了崩潰邊緣。我不能繼續這樣下去了。感覺自己再也快樂不起來，於是我回到自己的小棚屋裡，小心翼翼地掛上僧袍，再點燃一炷香，跪在我那尊黃銅佛像前。我在胸前雙手合十，對著佛像簡短扼要但發自內心地說：「我對它沒轍耶。它比我還要強大。我覺得好無助，請幫幫我吧！」接著，我開始跪拜。一次又一次地跪拜。

慢慢的，慢慢的，這股哀傷開始轉移。我沒有反抗，只是讓悲傷接管一切。我哭了，起初還有顧慮，但後來就逐漸放聲大哭。我嗚咽，身體顫抖、流淚，然後就只是不停地跪拜。過了一陣子，哭泣漸漸小聲，我發現自己內心的一部分變得平靜，而且充滿好奇，並察覺到這股痛苦的宣洩。之後，淚水完全止住，我環顧四周，感覺自己彷彿有一雙全新的眼睛。眼前的一切又透出很久以前我在祖父母家中體驗到的那股微光。再次提醒我活在當下。我感到平靜。面對自己的無助，竟然就是再次開啟喜悅之門的鑰匙——對此，我內心充滿敬畏。

第16章 自願的心理痛苦

我們人類經歷的大多數心理痛苦，都是**自願與自己造成的**。這是佛陀最重要的發現之一。它是我們無法跳過的人類發展階段——我們都經歷過它，它完全很自然。而它正是我一直強調的——我們相信了那些會傷害自己的念頭。這些念頭會讓你我的生活變得艱難、沉重和複雜。

在自己內心的某處，無論是有意識或無意識，我們都知道生活中的許多困難都是自己的念頭造成的。事實上，我們的心理痛苦主要不是由外部事件引起，而是自己**內心**發生的事引發的——那些一個又一個湧現、我們可以相信或不信的念頭。我們的痛苦就在自己的念頭中產生；念頭就是痛苦生存和壯大的地方。只要我們允許它這樣下去。

心理的痛苦是自己造成的，並不代表它沒那麼痛苦。完全不是如此。但是了解它，可以帶給我們一種新方式來因應它。這就是為什麼我會主張「不要相信你的每個念頭」。

要有這樣的領悟，可能很困難，因為這需要十分謙虛。你不能再怪罪他人或環境。但它也激起你有興趣去了解：我該如何以一種**不會**給自己製造太多心理痛苦的方式，來處理自己的念頭與感受？

人類意識中的一個層面，非常喜歡將一切怪罪於他人：**「要是我父母不一樣，要是同事不要對我這麼刻薄，要是政客們能做出更好的決策。」**這種心態一點都不奇怪，是構成小我的基本要素，它非常正常。當生活變得艱困時、當面臨心理壓力時，指責別人是比較容易的，也會讓我們覺得自己沒那麼脆弱。但就算不舒服，我們最終還是**絕對**有必要問自己以下問題：「此時此地，我能做點什麼讓自己在這種情境下不要這麼難過？」

世界想怎麼轉動就怎麼轉動。沒有別人、沒有別的事需要改變，才能讓我心裡變得比較舒服。因為當我覺得有壓力、難過、孤獨、焦慮不安、委屈、力不從心的時候，這些感覺往往是自己執著、頑固地拒絕放下一些念頭造成的。通常，它都是一個理由很充分的念頭，而且往往包含一個「應該」：「**爸爸不應該這樣做。媽媽**不應該那樣說。我朋友應該要記住的。孩子應該要在意這些事的。**我的老闆應該要能懂的。我的伴侶應該用另一種方式思考、表現、說話的。**」

所有念頭中，最傷人的就是——**我應該有所不同**。我應該更聰明、更勤奮、更富有、更有才華、更苗條、更成熟才對。你可以永無止境地卡在這些念頭裡。

但你也可以緩緩地跨出來，然後臉上帶著微笑說道：

「**謝謝你的反饋。我們再聯絡。**」

第17章 一個隱士能喝下多少百事可樂？

我在泰國的第七年，也是在那裡的最後一年，過著隱士的生活。爸爸和媽媽像往年一樣在二月份來看我，我們一同前往泰國中部的尖竹汶府，他們陪我在一個國家公園爬山。步行二十分鐘後，我們抵達我在接下來十二個月的居處——叢林中一間破舊、半傾頹、會漏水的竹棚屋。室內空間不到兩坪，天花板很低，我根本無法站直。它在最近的雨季中，也飽受摧殘。爸爸面露憂色，但秉持開明態度的他，什麼也沒說。

那天下午，我們回到雙親下榻的旅館房間。我享受著兩年來第一次洗熱水澡的每一刻，然後就是回自己新居過第一晚的時候了。一陣暴風雨才剛橫掃泰國，就在我離開之前，旅館還停電。當我到達山腳下的叢林區時，天色幾乎完全黑了。當時下著滂沱大雨，我的手電筒不知道什麼原因故障了。我聽見自己周圍的風狂掃樹冠的聲音，不時還有大的枯枝掉落地上的撞擊聲。我也意識到，地上一定有蛇，牠們和我一樣受到驚嚇。所以我清了清嗓子，一步一步沿著幾乎快看不到的叢林小路往前走，一路大聲唱誦著佛陀傳授的驅蛇經文。

這段我們白天才走二十分鐘的路程，這時我走了將近一小時，但最後還是安然抵達小棚屋。我全身濕透，而且有多處劃傷。我的心情既興奮又平靜。點燃了佛像旁的蠟燭，我就開始跪拜。

在隱居六個月後，我住的國家公園下方的村子裡，有個男子過世。我和他相識，是在我每個月一、兩次到村裡用餐時。我會試著用蹩腳的泰語和他分享自己對佛教的理解，我們就這樣開始了解與喜歡彼此。這個村民後來在遺囑中指定了一筆巨款，要幫我翻新隱居處。他最後的願望之一就是，讓來訪的比丘與比丘尼可以住在好一點的棚屋。他的捐贈讓我非常開心。我希望，這甚至能讓他歡喜。

對於翻新棚屋的設計，我可以全權作主。最奢侈的部分就是防蚊紗窗、屋內的高度足以讓人站立，以及外面的屋簷下有可以走十步路的空間，能用來行禪。

在泰國森林修行派中，僧人每個月剃頭兩次——在滿月及新月時各一次。大多數時候僧人之間會互相剃頭，但在隱士生活中，我當然就得自己來。好在爸爸和媽媽才剛送我一只帶掛鉤的盥洗用品包，所以我常常將它懸掛在溪澗上方的樹枝上，然後再用魔鬼氈將小鏡子固定在展開來的盥洗用品包上。我會蹲在小溪邊，在頭皮塗上泡沫，然後取出剃刀理頭髮。

趁這個機會，我會花比平常更長的時間看鏡中的自己。和往常一樣，距離上次照鏡子已經兩星期，我用挑剔的眼光審視自己的臉。我從來不喜歡雙頰與鼻子上的粗大毛孔，也不愛皮膚上凹凸不平的痘疤，仍然留有困擾我的青春痘痕跡；我好希望擁有更平整光滑的肌膚，就像泰國人一樣。還有鼻子——鼻尖的彎曲，不是有點可笑嗎？

你可以看到，我在這段時期有很多時間，而且有時間和自己的念頭共處。當我坐在那裡挑剔地審視臉的時候，內心深處也有個聲音悄悄說話了：**「奇怪……我覺得自己比外表看起來的更動人呀。」**是啊，內在美。七年來，我過著在道德上無可指責的生活，連一隻螞蟻都不會故意去傷害。我沒有說過或做過任何讓自己良心不安的事。藉著冥想，我成為一個更能活在當下的人。我也努力加強許多人類的美麗特質：慷慨、同理心、耐心、慈悲。我的內心變得更美了。

在我小棚屋所在的山腳下，有個小村莊，它只有一條街。每天化緣時給我食物的村民當然都成了我的朋友。過了一段時間後，我們之間開始上演一種很奇妙的推拉互動：他們試著想弄清楚我喜歡吃什麼，而我是努力想成為隨和的森林僧人，不表達任何偏好：「**Alai godai**——什麼都好！」我只用自己漸漸愛上的那種獨特泰語腔調如此回答。

用餐完畢以後，我就到小棚屋附近的瀉湖清洗化緣的缽，也拿剩菜剩飯餵魚。在那裡游泳一陣子之後，我會藉小瀑布來按摩背部，也任由小魚啃咬腳與腿上的角質死皮。

這大概是我一生中最快樂的一年。至今，我還沒完全明白原因何在。也許真如我的導師阿姜．賈亞薩羅在那年寄給我的明信片上所寫的那樣：

在我看來，更美好的幸福形式，其特質在於「無」，而不是「有」。

日子飛快過去，轉眼間就滿一年了。我心裡有個決定漸漸成形。回歐洲的時機到了，七年來我頭一次要回去。我聽說英格蘭南部有間寺院也屬於泰國森林修行派。那裡有一名非常有智慧的導師——**還有比丘尼！**除此之外，我一直是有點迷戀英國事物的人，所以選擇英格蘭感覺也很理所當然。況且，縮短與家人的距離也沒壞處。

一年的隱士生活結束的時候，我決定來一趟最後的朝聖之行，再返回歐洲。這感覺像是為我在泰國的時光畫下美好又有意義的句點。因此，我徒步走了五百公里回到自己最初落腳的那間寺院，藉此表達對過去一切經歷的感謝，也是我送給導師的一份禮物。

這趟徒步之行有點挑戰性。五百公里的路，我得背著自己所有的東西，腳上套著塑膠涼鞋，而且身無分文。我只能指望沿途可以遇到善心人。

我並沒有像大家想的那樣，走過茂密的森林與美麗的叢林。即使是在泰國，大多數的森林也都遭砍伐了。許多保留下來的森林都只有單一樹種，這讓我找路很困難，因此多半是沿著公路行走。通常，一天當中會有十幾輛車停下來，我們之間典型的對話大致上像這樣：

「哇，酷喔，有人在過古早人的生活耶。我們能幫你嗎？要不要載你一程？」

「不必了，謝謝，我已經對自己承諾要徒步走完全程。」

「我們可以給你一點錢嗎？」

「不用了，我是森林僧人，我們完全不使用金錢。」

「好，但我們能幫點什麼忙嗎？那給你一點吃的，總行吧？」

「不行，不好意思。你應該聽過，根據森林修行派的慣例，我們一天只吃一餐，而我今天已經吃過了。」

「但拜託，你也行行好，給個機會，讓我們幫一下吧？」

「好的……一瓶百事可樂，怎麼樣？」

就這樣，我在血液流淌著八到十瓶百事可樂當中，徒步跋涉了一公里又一公里，很想知道這是否真的是佛陀所說的「梵行」（聖潔生活）意思。幾天後下起大雨，我在鄉間小路旁的一家小超市躲雨。它的地面是鋪平的硬泥地，我找到一只裝汽水的板條箱坐下來。店內和店外的人一陣騷動。在這個地方要看到來自西方國家的森林僧人，是很不尋常的。他們開始向我提出各式各樣的問題：

「你出家多久了？」

「七年了。」

「好。你受了幾年的教育？」

「嗯，我想總共十六年吧。」

「你有幾個兄弟姊妹？」

「我有三個兄弟。」

過了一會兒，我開始在這段問答中察覺到一種模式。一方面，他們記下我的答案；另一方面，所有答案都是數字。整件事有點詭異。隨後我想到了：**樂透彩明天開獎！**泰國人普遍相信：在森林打坐冥想的比丘與比丘尼，能連結超自然力量。

半個小時後，雨停了，我可以繼續朝聖之旅。後來我遇到一個身穿白衣的可愛老先生。我一直很不習慣泰國人用來問候僧人的敬語，而且我覺得老人家用的敬語更是誇張。這一天也不例外，那位老先生走過來對我說：「哎呀，我好榮幸能遇到一位高尚可敬的森林僧人。您這位尊貴的師父啊，最近有沒有做過什麼有趣的夢？這些夢境當中有沒有出現過任何數字啊？」

這種夾雜自我利益和尊崇的敬語，實在太可愛了！

旅程的後半段，我遇到一名騎著摩托車的年輕帥哥。當他看見我時，就停下車，開始跟我攀談起來。

「哇喔！來自西方國家的森林僧人耶，我從來沒見過！你想去哪裡，我都載你過去！」

「謝謝。不過你知道嗎？這對我來說就像修行。我已經承諾不搭任何車輛，要這樣一路走回我的寺院。」

「我懂。可是跟你說喔，我最近做了一些蠢事，很需要累積一點功德。難道就不能讓我載你到下一個村莊嗎？」

「對不起，不行耶。如果這麼做，我就沒信守承諾了。」

這時，他看著我說：

「這樣不是有點自私嗎？」

我只是笑了笑。但他不死心，硬是要說服我：

「來啦，那一百公尺呢？有這麼為難嗎？我就不能載你一百公尺嗎？」

「不行，真的很不好意思，這樣的話，就違背我對自己的承諾了……」

他沉默片刻，然後說道：

「那你總可以來催個油門吧？」

「沒問題！」

我走到他的摩托車旁，握住轉把，催下油門，持續了一、兩分鐘。

「謝謝！再見！」

這就是泰國街頭的民間佛教樣貌。

1992 年 6 月，我在出家儀式前，於泰國烏汶的照相館，身披塑料的僧袍拍照。要用於出家後的簽證上。

▲ 在出家以前，我在商界的最後一年。1987 年，攝於 AGA（瑞典燃氣公司）西班牙加的斯辦公室。照片提供：Miryam MacPherson

▼ 1989 年，在紐西蘭的米佛步道上。

◀ 1999 年，我在瑞典法爾斯特布的市立公園。照片提供：Björn Andrén

▲ 1993 年 2 月，媽媽第一次來國際森林寺院拜訪我們。我們後方的指示牌上寫著：「重要的不是努力思索完美的想法，或者像聖人一樣行事，而是明白事物的本來面目。」照片提供：Yatiko Bhikkhu

▼ 阿姜．瑪哈．阿蒙（Ajahn Maha Amon）是授予具足戒讓我正式成爲比丘的僧人。1993 年 2 月，我們在授予儀式後合影。

照片提供：Kylle Lindeblad

▲ 我們的寺院：位於泰國東北部的國際森林寺院。1992 年，我還是沙彌，身上的聚酯纖維僧袍，穿起來不是很舒服。

照片提供：Kylle Lindeblad

▲ 我的前兩位導師：阿姜．帕薩諾（左）與阿姜．賈亞薩羅。1994年左右，兩人合影於我們在寮國邊境的野外寺院臥佛寺（Wat Poh Jorm Kom）。在泰國，當地人和西方人的習慣相反，他們經常微笑，但很少在照相時笑。

▼ 1998 年秋季，僧人朋友拜訪我在泰國奇查谷山國家公園的隱居處。

▲ 1998 年，奇查谷山隱居處整修前的內部擺設。照片提供：Bengt-Arne Falk

▼ 我在奇查谷山的全新隱居處。由我設計，費用是一名男村民資助，他將這筆捐贈寫進了遺囑。1999 年，我在當地的期間，他過世。

2001年，在英格蘭切瑟斯特佛寺（Chithurst Buddhist Monastery）的大合照。比丘尼們在左邊，而我一副得了麩質不耐症的臉。阿姜·蘇西托在我左邊兩步遠處。

照片提供：Nimmala Glendining

▲ 2004年，我沿著英國康瓦爾的西南海岸徒步旅行。

照片提供：Sam Ford

▲ 2007 年，在南非的龍山山脈（Drakensberg）徒步旅行。

照片提供：JP Meyer

▲ 2007 年，我與來自泰國、德國與斯洛維尼亞的僧人朋友，一同去瑞士伯恩高地旅行。照片提供：Robert Szalies

▲ 我當僧人的最後一張照片。2008 年秋天，攝於我最後待的瑞士達摩波羅寺院（Wat Dhammapala）。照片提供：Ashin Ottama

▲ 2019年秋天，我在「通往自由之鑰」巡迴演說期間，於斯德哥爾摩的英特曼劇院進行演講。照片提供：Anna Nordgren

2016年夏末，瑞典哥特堡南方的亞慕德島（Amundön）。我人就在山頂。照片提供：Cim Ek

第18章
握緊的拳頭，張開的手掌

在泰國生活七年後，我有點厭倦幾乎只和男性一起生活。那裡的寺院中，比丘尼極其稀少。遺憾的是，佛教就像世界大多數宗教一樣：女性擁有的機會，根本沒有和男性一樣。佛教傳統中的情況，可能比其他一些宗教教派稍微好一點，但還是不理想。我憤世嫉俗的那一面懷疑，世界主要宗教的存在，或多或少都是為了壓制女性。這樣就真的太悲哀了。

前文提到我所屬的是泰國森林修行派，當它在全世界逐漸擴展時，成立了一個比丘尼團。它的總部在英國，那裡還建立了一間比丘尼寺院。它稱不上完美，但已經夠好了。這所寺院的幾名比丘尼造訪泰國時，我曾與她們（以及來自同一所寺院的幾名比丘）見過面，我非常喜歡她們。我覺得比丘與比丘尼共同生活相當有意義，而且在許多方面是很自然的。讓男性與女性在平等的條件下共處時，會帶來一種平衡感。所以我搬到英格蘭的部分原因是，我喜愛比丘尼；這個動機也許有點不像僧人。

在英國的幾位比丘尼，成為我相當要好與寶貴的朋友，像是來自紐西蘭的阿姜．塔妮雅（Ajahn Thaniya）。她的身材相當嬌小，但內心非常強大。我這輩子遇過三個最有見地的人，她就是其中一位。她甚至不必問我過得怎麼樣；看我一眼，她就知道了。

這間特殊的英國寺院吸引我的另一件事就是，這裡的住持是一位令我折服的僧人——阿姜．蘇西托（Ajahn Sucitto）。他是一本書的作者與插畫家，我覺得這本以「初轉法輪」為主軸的著作，非常精闢地說明與剖析了佛陀第一次宣說的佛法。我們在泰國就認識了，因為他經常在冬天去那裡旅行。時至今日，他仍然是我最親近和重要的朋友。

阿姜．蘇西托擁有一個真正的良師益友該具備的特質——準確拿捏時機。他總是能在對的時候、向對的人、說出對的話，而且說這些話時都帶著滿滿的慈愛。這樣的人說的話，就算觸及你的痛處，你還是很容易聽進去。

在英國，得知這裡既吃早餐又吃午餐，我非常開心，對此感激萬分。至今記憶猶新的一次寺院早餐，是在我剛到這裡後不久發生的。當時僧人與訪客共有五十多人在一起用餐，大家在一番爭論之後才終於決定那天的任務分配。這項分配變得相當複雜，因為有許多事情待釐清：煮飯、洗碗、修剪草坪、照料花草、開車載生病和牙痛的人去就醫、修理拖拉機、打柴、劈柴、給鍋爐添加柴薪等工作，該由誰來做呢？

這種凌亂惹惱我了。我覺得英國的寺院整體上有點粗糙。我可是從泰國森林修行派的**「創始寺院」**來的，很清楚**正宗的**森林寺院是怎麼做事的！在英國，事情都做得有點馬虎和混亂，我這個嚴謹的森林僧人，當然**不能接受**。所以當其他人起身時，我還坐在原位，惱火地想著這種行事作風不配稱是森林寺院，事情都沒照規矩執行，流程照理也應該更精練與用心才對。大家紛紛離開房間，最後只剩下我和導師阿姜．蘇西托。就在那一刻，我的身上想必有整個英格蘭西薩塞克斯最緊繃的擴約肌。阿姜．蘇西托溫和地看著我，然後說：**「納提科，納提科，混亂或許會讓你不安，但秩序會置你於死地。」**

沒錯。現在我的拳頭又握太緊了。我以為自己知道全世界應該是什麼樣子。當現狀不如我意時，我就僵住了。帶有**「應該」**這個詞的種種念頭，讓我變得委屈、沉悶和孤獨。

如果你能意識到這種情況有時也會發生在自己身上，不妨就試試這個手部的動作——先是用力握緊拳頭，然後鬆開成張開的手掌。希望你可以記住這個動作，當成提醒。在演說與冥想中，我常運用這個手勢，因為它像一個縮影，呈現出我想傳達的許多訊息。它很簡單，但它貼切地展示了我們如何能放下自己太執著的事：物品、情感、信念。用力握拳，再鬆開成張開的手掌。

希望你在生活中能少一點握拳，多一點鬆手。少一點**控制**，多一些**信任**。少一點**「我必須預先知道一切」**，多一些**「順其自然」**。這會讓所有人受用不盡。我們不必活在總是為了事情不如己意而焦慮不安的日子中。我們不需要讓自己變得這麼委屈。我們可以選擇。我們是想扼殺生活，還是擁抱它？

請盡量多鬆開你的拳頭。

第19章
去找份該死的工作，老兄！

在一個佛教不盛行的國家過僧人生活，當然是截然不同。先前在泰國每天化緣時，當地人總是熱情、甚至幾近崇拜地問候我們。我們在社會上擁有受人尊重的地位。在英國，情況可就大相逕庭。

我在英國第一次化緣，是和名叫納拉多（Narado）的英國僧人一起。我們脖子掛上化緣的缽，就慢慢走到離寺院最近的小鎮米德赫斯特的大街上。我已經先緊張起來了，不確定是否真的能在英國獲得食物。一輛白色的廂型車開過來，駕駛搖下車窗就吼道：**「去找份該死的工作，老兄！」**

可以說，這句話是一個很清楚的提醒，要我留意人們對僧人的不同看法。過去七年，泰國人或多或少把我視為上天賜予的禮物。僧人、森林僧人，還是**來自西方國家的**森林僧人**！**在泰國，沒有比這更高的禮遇了。在英國，人們看我反而像是寄生蟲。一個衣著品味差、髮型怪異、性取向不明的可疑人物。

當然，我不會認為泰國人表達的崇敬，是針對我而來。這對我來說很幸運。在西方國家當個僧人，不時會有羞辱襲來，而且真的是直接衝著我來的。我感覺自己很像一個卡通人物，望著子彈迎面飛來，咻一聲穿過身體，然後從另一側飛出。這是佛陀的另一個禮物：我要學會如何睿智地應對讚美與抨擊。

白色廂型車男子的這起事件，其實給了我一種美妙的自由感。當他大吼出那句羞辱話時，我清楚意識到自己是這麼全然在當下。別人對我的看法一向很容易讓我的情緒波動，但現在我竟然能感受到內心的變化，並平靜地說：**無所謂**。真是暢快啊！那一刻我真的深切體會到，自己過的人生再也不必圍繞於積累一堆令人印象深刻的技能，或在別人眼中表現出色了。我終於釋懷了。

在我看來，真誠的人性、精神與靈性上的成長並不在於學習應對策略，而是放下自己的包袱。也在於學習減少陷入**掛礙**中的頻率與時間。但也請忘記「完全沒有任何掛礙」這個觀點。只有死人才沒有掛礙。

在努力提升自我的過程中，如果注意到心中的掛礙慢慢消退，那你就知道自己走在正確的道路上。或許，你甚至能設法與自己的性格養成方式、自認的自我樣貌、對個人缺點的看法，保持有益的距離。

對我而言，當看見那個超越自己不足而存在的我時，會有一種狂喜的感覺。儘管我的性格沒邏輯、過度反應、容易衝動、不穩定，但依然看到，隨著我更能聆聽內心的聲音、努力讓自己沉靜下來，有些事物已經開始微微發亮。那些始終陪伴我的事物，以及希望我幸福安好的事物。

第20章
別忘記為奇蹟留下空間

在泰國森林修行派中，出家十年後，你就能獲得「阿姜」的稱號，這是泰語「老師」的意思，這時會鼓勵你嘗試教學。我還記得寺院請我在英國帶領的第一個週末閉關。前一天晚上，我的胃裡就像有兩條蛇在搏鬥，焦慮到不行。閉關開始前，我進到禪堂，點了蠟燭與上香，對著佛像頂禮跪拜，輕聲地說：「嗯，佛祖啊！我現在很崩潰。但是這整個週末，我打算要全心在當下。我知道所有的話不是**出自**我，而是**透過**我傳達。我們一言為定囉？」我將佛像的沉默當成「同意」。那次的閉關，進行得很順利。

這是我覺得焦頭爛額，變得更加緊繃的時期。我必須頻頻刻意地練習，才能真正從「緊握的拳頭」變成「張開的手掌」。再加上越來越多的行政工作堆在我桌上，所以一定程度的壓力也進入我的生活。誰知道僧人還會壓力大的！我們都知道，壓力很容易讓人更難放下對控制的渴望。不管你是誰，都是如此。

阿姜・塔妮雅當然注意到這一點了。六月的一個晚上，我們一起去禪堂做冥想共修。當天的空氣清新，寺院庭院裡的睡蓮池上滿是蜻蜓，牠們在水面上盤旋，閃閃發亮。阿姜・塔妮雅以她特有的方式看著我。我很喜歡她這樣做，因為不久之後，她常常會說一些簡潔又帶著深意、極為寶貴的話。因此當她用溫暖的眼神看著我說出一句話時，我豎起了耳朵：「納提科，別忘記為奇蹟留下空間。」

這句話觸動我心弦，因為我知道它一語中的。我確實不時需要這樣的提醒：

是啊，我又來了，又試圖想控制一切了。這讓我的生活變得孤獨、艱難、混亂和焦慮。對生活多一點信任吧！我生命中絕大多數最美好的事情都發生在我的控制之外，這一點我心裡很清楚。企圖控制與預測一切，只會讓我的日子很難過，這樣就沒樂趣了。變得如此緊繃時，我就會失去一些智慧。

我長期追隨一位名叫阿迪亞香提的美國導師。在我還俗九個月後，第一次和他一起閉關。這對我是一次深刻的經歷，感覺就像有個偉大人物在我面前；在連續七天的閉關中，我都聚精會神地聽他說的每一句話。有天晚上，他說了一些我自此之後牢記在心的話。

當時的情景，我還歷歷在目。

阿迪亞香提說，你們知道嗎？如果你不盲目地相信自己的每個念頭、如果你能全神貫注（而且心只在當下）、如果你的注意力不被拉走，就會發現一項基本的原則。也就是整個宇宙根據以下原則運行：

在你需要知道的時候
就會知道
你需要知道的事。

哇！我當然無法絕對明確地證明，事實真的如此。如果覺得它聽起來不像聰明話，我也懂，但對阿迪亞香提的說法，我沒有任何異議。我覺得它放在各方面都屬實，而且也遵行這個原則很長一段時間。

我發現，當盡力按照這項原則生活時，日子總是過得比較好，有時甚至是好很多。當然，這不代表對自己的生活馬虎，也並非對自己可以與應該計畫的事情，不該做任何規畫。但它的意思的確就是，如果習慣以更多的信任過生活，也可以且勇於放掉對控制與預測未來的虛妄企圖時，我們就能達到自由和智慧的最高境界。然後，幾近神奇的事會發生。

簡單來說，幾乎所有人都受兩種念頭支配：以自己過往一切為主的念頭，以及關於自己未來種種的念頭。這些念頭有一種幾近催眠的力量，它們都有相同的印跡：**我的人生**。

這就像你背著兩個沉重又重要的大背包行走人生——一個背包裝著與自己過往一切有關的念頭，另一個背包則是塞滿關於自己未來種種的念頭。它們都是很棒、有價值的背包。但請試試看你能否放下它們，一下子就好。看你是否可以在此時此地更直接地正視一些事情。如果成功了，你之後還可以再背起這些背包——如果你還想的話。

沒有人規定，思考自己的人生是錯的。但偶爾暫停一下，很有價值。休息與平靜一下，通常可以更輕鬆地再背起這些背包。

一切都是息息相關的：放下念頭與控制，轉向內心並聆聽、活在當下、定時在平靜中休息、活在信任中。這一切都是為了探索能否有機會找到比念頭更**眞實**、更寶貴的事物。我們或多或少會回到念頭冒出的源頭，不過奇怪的是，一旦這麼做時，這些念頭反而變得更有價值。我們更容易接觸到自己有智慧和直覺那一面。雖然這一面的聲音聽起來或許令人不舒服，但我們的念頭會變得更**優質**。

這裡進一步來細究一下「**未來**」這個有趣的詞，以及我們對於未來要發生的事所產生的種種念頭。對你自認的未來保持謹慎，非常重要。你的大腦會告訴你那是未來，但其實它並不是。它不過是一幅草圖，是根據你的記憶和經歷而來的零星畫面。而且你記得的，只有實際發生在生活上的片段。此外，你的記憶會受到強烈情緒的塑造與制約。

人天生會記住讓情緒激動的事情，尤其是痛苦和可怕的經歷。這是很自然的，因為它幫助人類的祖先在熱帶草原上存活下來與繁衍後代。但我們所謂的「過去」，也不是**實際**發生過的事情。它們是一些片段，往往是在情緒激動的情況下挑選出來的。然後，這些片段為我們預測未來提供了基礎。我們根據它們來想像人生的樣貌。但這不是未來，而是我們的假設。這是對事情也許、可能、假設的結果所做的概略猜測。沒有人可以料定。誰都料不到。

第21章 人生只有一件事可以確定

在英國寺院待了幾年後，我和僧人朋友納拉多決定去英國南海岸的懷特島徒步旅行。當時是英國的初夏。旅程第一天結束時，我們已經沿著島上壯觀的北海岸走了三十公里，那天就在一棵雄偉的橡樹下紮營過夜。隔天到了早上十點左右，我們在島上開始第一次化緣。我們將背包靠在海邊小鎮桑當的墓園牆邊，脖子掛上化緣的缽，然後站在離超市很近的大街上。

我們在那裡站了一個小時，肯定有一千個人經過，但沒有人和我們交談。一個小女孩問她的媽媽，是否覺得我們的缽裡有蛇。我們試著轉移陣地，站在一家理髮廳附近，不過情況一模一樣。路人幾乎不看我們一眼，儘管我們身上穿著亮黃赭色的僧袍，但仍形同隱形人。過了一會兒，一輛警車停在我們身邊，有名警察下車說：「小伙子，懷特島是禁止行乞的。另外，理髮廳打電話來投訴說，你們的髮型嚇跑他的客人了。」

我向警察解釋說，我們並不是在行乞。我們沒有向任何人索取任何東西。我們的化緣是隨喜的，這跟行乞是兩回事。但警察很堅持地回答說：「好啦，不過還是請你們離開。」

我們回到原先在超市外的位置。在徒步旅行和長達二十四小時的禁食之後，我的雙腿因飢餓與疲累而顫抖。由於我們遵循森林修行派的規則，所以只能在中午之前進食，但西方國家實施夏令時間，因此那一年規定的進食時間到下午一點為止。眼前時間是中午十二點半。我對僧人朋友說，今天恐怕得放棄了：「我們還能撐過一天的禁食，明天再試一次。」就在我說出這句話的同時，內心有一種釋放的感覺。猶如握緊拳頭般的飢餓感，變成像張開手掌一樣的接納。但我的朋友還沒打算放棄，他請求說：「我們再試一會兒吧。」我答應了。

不到一分鐘，一位面容慈祥的老婦人走到我們面前：「小伙子啊，你們在做什麼？」我向她解釋我們是僧人，正在隨喜化緣。「啊哈，所以你是說你們要東西吃？懷特島是一個基督教島嶼，不該有人在這裡挨餓。你們想吃什麼？」我告訴她，對於任何現成可吃的食物，我們都會感激地接受。放棄自己的偏好，是我們修行的一環。「喔，這可不行呢。要我花辛苦賺來的錢在你們身上，當然得買你們喜歡的。」我的僧人朋友對一種英國北部的餡餅情有獨鍾，於是我就提到它。婦人點點頭，進了店裡。

不久後，一對俊男美女走上前來。他們來自加拿大。男方表示，他們入住旅館的門房在淡季時顯然就住在我們的寺院附近，他已經對住宿客人說明我們兩人是誰與做什麼事。這對夫妻要我們稍等，然後飛快進到超市。五分鐘後，我們拿到足足裝滿四個手提袋的食物。我們對他們致上深深的謝意，並唱誦了一段簡短的讚偈，接著就趕回墓園，在那裡的草地上坐定，安靜地吃東西。吃完後，我留在原地，靜靜地休息一會兒。我想起泰國的導師常講的一句話：「你不會總是得到自己想要的，但你會一直擁有自己需要的。」沒錯，就是這樣，而且奇怪的是——每當我放開對願望的執著，它們似乎就更容易實現。希望我永遠不會忘記這一課。

在英國寺院的比丘尼中，有位名叫阿姜・喜智菩提（Ajahn Anandabodhi）。她是性格活潑有趣的人，在英格蘭北部長大。她第一次來到寺院的時候，頂著高高的龐克頭，染了彩虹的各種顏色。阿姜・喜智菩提和我差不多在同一時間來到這所寺院，而且過了一段時間之後，我們都被委以重任，要負責處理僧團中許多待解決的雜務。

前文曾提到，我有一段期間特別忙，而且看得出我的壓力很大。我負責規畫寺院的體力工作、接待訪客、回覆電子郵件和電話，還必須處理許多行政工作。簡單來說，我就像這所寺院的執行長。我又回到經濟學家的角色了，這當然不是我真正想要的寺院生活。阿姜・喜智菩提留意到我很累，也工作過度。有天晚上，就在下午茶時間之前，我們在廚房和飲茶廳之間的走廊上擦身而過。她攔住我，並提醒道：**「納提科，請注意：責任，是有能力應對。」**❶

責任，是有能力應對。

是什麼幫助我們應對人生發生的所有事情？嗯，就像我前文提到的：計畫、控制和有組織往往不如你想像的那麼重要，比較重要的是**活在當下**。大家都知道，處在**心流**狀態是什麼感覺。你會很清醒與專心。如果你喜歡的話，也可以說是覺察。你不會焦慮地細究可能出錯的事情、揣度自己如何應對所有可想像與無法想像的結果。你不會一直擔心事情發展是否如自己所願。相反的，你的全心在當下，足以讓自己以開放的態度應對。通常，這也自然成為比較明智的方式。

放開對控制的渴求，覺察當下，在很大程度上是勇於面對不確定性。大多數人都覺得這是挑戰。人非常容易希望自己是知道的。這很正常，所有人都有這股衝動。當我們不知道時、當事情不確定時，我們很容易變得害怕與頑固。所以我們假裝事情比實際情況更可預測，但人其實一直活在極度不確定中。我們執著於自己的計畫，以及事情該如何發展的種種構想。有計畫，並沒有錯。做計畫是很棒的事，我們都需要在一定程度上規畫自己的人生。我認為，這樣做好極了。但是，做計畫與認為自己所有計畫都必須實現，是兩碼子事。

美國前總統艾森豪曾說：**「計畫本身沒有價值，但做計畫是至關重要。」**

不管是打比方或字面上的意思，想像一下，如果我們寫行事曆和計畫表，用的都是鉛筆而不是原子筆？想想如果能牢記自己寫的內容與我們自認未來會發生的事，也許根本不是實際發生過的？而且我們還可以試著接受這一點呢？

心靈成長，很大一部分正是勇於面對不確定性。當我們能忍受不知道和不控制時，就能接觸到自己更有智慧的那一面。試圖緊抓人生，就像拚命想抓住水一樣。不斷變化是它的本質。

---

❶ 編注：「責任是有能力應對」這句話是將英文 responsibility 拆解成 response + ability。

僧人生活的基石就是，挫敗我們用來施加控制的機制。我們之所以不經手金錢、不准挑選進食的時間或食物、同住的人、睡覺的小棚屋，一部分的原因就在於此。被迫放棄控制，就是學習過程中刻意的部分。其成效也非常好。當人生變得不確定時，能安然地信任、可以坦然面對「不知道」，這是一份禮物。

這樣的生活是關於更輕盈的行進。重點在於，不要深陷於我們認為自己知道的事當中，比如前文提到的未來，然後對當下更開放——當下才是生命真正存在的唯一地方。

如果要實話實說，每個人的人生都包含無窮盡的不確定性。人生當中只有一**件**事可以確定，那就是：人生總有一天會結束。其餘的就是希望、恐懼、假設、願望、想法與企圖。我們不妨承認與接受這個事實。鬆開緊握的拳頭，讓張開的手掌充滿生命力。

第22章 臀部不說謊

在英國的寺院待了七年後，我搬到另一間森林傳統派的寺院，這次是在瑞士阿爾卑斯山區的城鎮坎德斯泰格。除了我一直喜愛接近山岳之外，這間寺院還有另一個優點，那就是我再也不需要擔任「寺院執行長」了。瑞士人管理組織的能力很強，無人能及。我可以放心去關照客人，為需要的人提供幫助，以及健行和爬山。我也花更多時間指導冥想，並逐漸在這個領域找到自己的聲音。

這間寺院的住持阿姜・凱瑪西里（Ajahn Khemasiri），熱愛足球，是我在這裡最要好的朋友，也像可靠的父親一樣。他在十二歲時，和家人連夜逃離東德。年輕時，曾經營一家天然酵母麵包店，但他現在已經是多年的虔誠僧人。我的好友卡爾・亨瑞克（Carl Henrik）造訪我們的寺院時，曾形容阿姜・凱瑪西里是潛艇艦長——簡直太傳神了，他真的就像德國經典電影《從海底出擊》（*Das Boot*）裡的傳奇領導者！

這個時候，我已經在六個國家帶領冥想閉關，阿姜．凱瑪西里可能很好奇，這些閉關帶有多少佛法內容。他聽參與者說，我經常講到電影《楚門的世界》《駭客任務》，以及卡通人物小熊維尼與姆米爸爸。但所幸，他和我一樣都明白佛陀對教條與基本教義派完全不感興趣。我們兩人都將佛教視為全世界最美好的工具箱。

在瑞士，寺院的生活沒有我早先待過的地方那麼嚴酷，尤其是和在泰國的時候相比。在這裡，也給予更多的自由。這間寺院相當現代化，甚至還能連上網際網路。我一學會如何使用谷歌時，忍不住搜尋自己的相關資料。二〇〇六年那時候，輸入我名字後出來的第一頁搜尋結果，有一個連結是我在一九九〇年代初期參加馬來西亞會議的PDF文件，當時我任職於聯合國世界糧食計畫署。這份文件裡給我的頭銜，是我希望再重寫一份簡歷的唯一原因。在該文件中，關於我的簡介是「小規模海藻養殖財務分析的國際專家」。還真會掰呀！

媽媽和爸爸給了我一部電腦；也有人送我一台MP3播放器，這樣我就能聽講座錄音了。當我最好的家鄉朋友卡爾．亨瑞克知道這件事時，還非常熱心地寄來一張燒錄的CD合輯，上面標明「你出家以來最好聽的一百首歌曲」。這是一份令人難忘的禮物。

在瑞士，我超開心的就是，我們每星期有一天的徒步健行日。對山岳毫不保留的熱愛，也讓我行走的路程與攀爬的高度，總是寺院其他人的兩倍。

有一天，我獨自踏上了這樣一趟徒步行程——我穿好靴子，費力地爬上了一處景色壯觀的埡口。從這裡可以眺望首都伯恩。當時是春季，剛開始變暖，即使山上仍然有許多積雪。看著眼前壯闊的景致，我開始吃起帶來的食物，滋味好極了。

太陽很大，我脫掉一層又一層的衣服。我一直很喜歡曬太陽。最後，我身上只剩罩衣和靴子了。然後，我將ＭＰ３播放器的耳機塞進耳中，選擇了播放清單「你出家以來最好聽的一百首歌曲」。過沒多久，就聽見夏奇拉的〈臀部不說謊〉（Hips Don't Lie）。我再也坐不住了，伯恩高地上最僵硬的臀部，開始慢慢地舞動起來。

第23章 我從未懷疑自己的僧人身分

我坐在坎德施泰格美麗的寺院小房間裡，喝著一杯茶，邊讀著激勵人心的文章。然後就點燃蠟燭和上香，開始打坐冥想。經過二十年的每日冥想，我已經再也不會打瞌睡了，其實我開始很享受冥想時光，簡直是喜愛得不得了。

於是我就這樣坐在自己房裡那尊鍍金的木頭佛像前，安住在覺察中。一次一個呼吸，一切都慢慢變得出奇地沉靜。這種沉靜並不是沒有活動，而是沉靜就是當下的狀態。這時候的我已經很習慣且喜歡這種沉靜。它成了我的家，一個可以休息的地方。我變得容易聆聽身體的聲音，也覺得活力充沛與心滿意足。這是一種美妙的感覺，我只希望能一直這樣維持下去。接著那個深沉、睿智、充滿洞察力的直覺聲音再次出現，內心深處有個聲音輕聲說著：**該繼續前進了**。

噢，不會吧！還不是時候啦！我現在的日子過得很美好呢。

我非常驚訝與害怕。**我已經抱定決心至死都是披著僧袍的僧人。我從未懷疑自**

己的僧人身分。而現在四十六歲的我竟然發現，內心有個聲音說，回家的時候到了。這個聲音相當清晰，有如二十年前五月那個星期天在西班牙住處沙發上聽見的那樣。我當然知道不能忽視它，但這會失去很多東西。我的整個生活和身分現在都與寺院生活緊緊相繫。

所以我沉澱了大概六個月的時間。當打電話給媽媽提到我的決定時，她意味深長地說：「嗯，我想你要退休還有點年輕。」她曾來瑞士這間寺院看我，可能覺得這裡似乎有點像養老院。媽媽的話中有話。我的寺院生活變得太安逸與一成不變。當僧人太長一段時間，非常熟悉這個角色，導致我其實開始進入機械模式。

有件事我並沒有實際將它納入離開寺院生活的決定中，但在這個時候已經影響我的生活，那就是：我罹患一種罕見的自體免疫疾病，名為ＩＴＰ（免疫性血小板減少症）。我在南非帶領兩次閉關期間，到夸祖魯－納塔爾省爬山時，腿被咬到，過了幾小時才開始劇烈疼痛，不久後，我的血液就喪失正常的凝固功能。

兩星期後，當我去英國的急診室時，醫生說：「你是一顆定時炸彈。」ＩＴＰ被認為是一種重大的疾病，因為血小板過早遭破壞，會導致嚴重、有時甚至致命的出血。回到瑞士後，我接受了幾次的強化治療，但都不見效。醫生本來要切除我的脾臟來減少血小板破壞，但我拒絕了；改採取服用相當高劑量的可體松一段時間，這讓我睡得很不好。在那之後，我的身體再也沒有恢復進入深度睡眠的能力。

雖然我內心已經打定主意要離開寺院的生活，但過程困難重重。我和許多還俗的人談過。這個時候，我認識還俗的人多過出家人。常見很多人都沒抱定一輩子要留在寺院，而是只要想待、感覺對了才留下來。我多年的寺院生活中，一起生活過的人大多在我之前放棄——**還俗了**。所有還俗的人都說了同樣的話：**「你在寺院中生活了這麼久，現在要離開，都不知道這會多麼茫然和痛苦啊。你的大多數身分現在都是以這裡爲基礎。到時離開寺院的你會是誰呢？這比你想像的還難上許多。」**

他們的話，我挺相信的，但還是決定放手一搏。我明白這樣做是需要勇氣的。我心想，過去我在面對不確定性的修行中所累積的信任資本，應該能助一臂之力，現在該拿出來，在更嚴酷的現實中測試一下了。

我不知何時學到了一句對自己很有意義的話，也經常用在帶領冥想時：

我們在安然無事中學習，在風暴時才會想起。

這就是人們參加閉關或花時間冥想的一個原因——為了練習。你不可能在禪堂裡過日子，但還是新手時、尚未熟悉一件事時，有一些有利的環境是很理想的。在那裡，你可以平靜地練習，這樣就能穩健沉著地踏入日常生活裡更不可預測的處境中。因為我們學到的所有事也一定要在日常生活中發揮作用，否則它們又有什麼價值可言呢？

人生難免會有風暴襲來，而且是一場又一場。有時我會像汪洋中的一葉孤舟，找不到任何燈塔或海上航標。偶爾動盪比較溫和，但仍然讓人心裡不舒服——主管對我上週該做完的事有怨言、我和親近的人爆發衝突。然後我的注意力可能就會轉移到內心最響亮的尖叫聲。可是如果在比較平靜的時候，我抓住機會學會放下念頭，練習選擇自己注意力目標的能力，那我就有一個絕對可靠的盟友。這個夥伴在任何處境下都會支持我，永遠和我站在同一陣線。

第24章 道別信

二〇〇八年十月，我寫了一封信寄給各寺院的比丘與比丘尼朋友，將自己的決定告訴他們。信件是用英文寫的，內容大致如下：

親愛的各位，

我很久沒寫這樣的信給你們了。你們有不少人都知道，我的健康受到挑戰。過去一年來，我接受一連串廣泛治療與服用藥物，包括傳統與另類療法，我幾乎什麼都試過了。我的血液無法凝固的問題似乎很難治，這很可能是我必須學會忍受的問題。從個人的感受來說，其他症狀我都能忍受，但嚴重的失眠是最困擾的。因為這讓我的身體與精神上的能量都變低。可是學會在元氣不足的情況下生活，對我很有意義。我現在對那些身體不好的人當然更能感同身受！

不過，我這麼久沒寫信的主要原因是，去年十月，我內心深處有個聲音催促自己考慮要不要繼續出家。這讓我很震驚，因為我從未對僧人身分有任何懷疑。我的理智相當困惑，也指出在四十六歲的年紀過還俗生活的不便和不確定性，尤其是在目前健康出狀況之下。我對這股衝動一直無法忽視。到了今年四月，它變成一個很明確篤定的意念：我必須還俗。儘管如此，我還是不願意採取行動；但這個意念一次又一次出現。我知道這一切聽起來有點神祕，彷彿這股衝動來自「我」以外的某個地方。但這就是我的體驗。

對於這個決定，我不想提出任何理由，因為我的直覺比理由更重要。最能形容這種感受的，就是人對一件舊衣服的感覺。你已經重複穿了很長一段時間，可是有一天發現它就是再也不適合自己了。這件衣服沒什麼問題，你還是很喜歡它，但該改變的時候到了。

我還俗、過另一種生活的時候到了。我相信，獨立自主、做自己的決定，對我有好處。這是第一點。

我也覺得，僧人生活的一些限制對我個人不再有幫助，我需要更多的自由來應對人生。我不擔心自己的心理健康會受到影響，因為我對覺醒的狂熱非常熾烈。至於身體健康上，我希望還俗後的生活能帶來改善，而且我知道，傳統醫學有一些很有希望的進展，只要有機會，我或許會嘗試新療法。但這並不是我做出這個選擇的重要因素。

儘管這個決定是自己的，但我還是和幾位精神導師談過，他們大多數人顯然不太支持。我也和家人、一些寺院內外要好的朋友聊過。這和很多時候一樣，提醒我生命中實在擁有許多善良與睿智的朋友。我有預感這會持續下去，它似乎是我最大的天賦！

在工作方面，依舊一切未卜。生病讓我會有相當長一段時間內無法全職工作。我的體力根本不夠。但不知道為什麼，我不太擔心自己的生計。我相信時間會告訴我下一步該怎麼做。一開始，我得接受自己能得到的選項，這沒關係。如果到時候有機會分享僧人生活所學，我也不訝異。

從頭到尾，我都有一種「一切都會好起來」的感覺，雖然不合理，但覺得很安心。這種感覺甚至還夾雜一種模糊但反覆出現的預感：我這個身體恐怕無法撐到「正常」壽命。

我不太曉得這樣的一封信中應該與不該寫哪些內容。但我確定，接下來會有時間到瑞士與英國，找你們其中許多人聊聊。在我回老家之前，會四處旅行一陣子。

我想這個時期的主題是向過去的一切致敬、笨拙地表達難以形容的感激之情，以及努力克服別離的悲傷。

如果有人好奇的話，澄清一下：我並沒有在談戀愛，也沒有心上人。沒錯，我確實希望僧團中的男女區別不會造成太多的痛苦與困惑，但我在瑞士期間，它對我的影響已經沒那麼大了。當然，我也經歷過忍不住想有段浪漫關係的時候，但我很久以前就再也不相信別人可以或應該讓我永遠快樂和完滿。

我的雙親和三個兄弟看來相當開心，因為我會住得比較近、往來更方便。我最小的弟弟已經在整理自己衣櫃，找適合我的衣服了。他在時尚業工作，我擔心，自己的外表會比我感覺起來的樣子更時髦……也許這有點令人驚訝，但其實我很期待外表看起來像其他人一樣，而不是在社會上這麼與眾不同。

我發覺，這封信的字句拿捏好難。部分原因是我缺乏睡眠，另一方面是因為這封信讓我的情緒很激動。試著對過去十七年來自己得到的全部一一感謝，感覺很重要，可是我知道，感謝不完的。友情、所有的鼓勵、指導、旅途、物質幫助、分享的喜悅、學習的機會、在安全與得到支持的環境中成長與放下等等。

有時候，感激之情會意外襲來，讓我內心激動難抑。由於這一切的支持與鼓勵，讓我和十七年前比起來，變得更容易做自己了。不過呢，我倒是寧願別把「做自己」看得太重，而這一點對我也變容易了！

所以，一個階段即將畫上句點，而另一個階段才正要開始。我會帶著在出家歲月中得到的一切祝福，直到我嚥下最後一口氣——我想，甚至可以帶到死後。

特此致上愛、感傷與感激，以及我的百感交集。

納提科

我要離開寺院的時候，在禪堂和我最親近的人舉行了一場美好又溫馨的儀式。儀式進行到一半時，我回到房間。我最後一次脫下僧袍，十七年來第一次穿上牛仔褲。回到禪堂，我將僧袍交給阿姜·凱瑪西里。他笑著說，他穿僧袍二十二年來，我是他見過穿著最考究的還俗僧人。穿上這身不習慣的衣服，我離開了避風港，駛向開闊的大海。

第25章 黑暗

二〇〇八年的十一月，我回到瑞典。儘管家人和朋友給我滿滿的關愛與體貼，但我還是很快就陷入憂鬱。我很認真聽取了幾個已還俗僧人的意見，他們已經預先提醒我離開這類群體生活後會感受到的痛苦與悲傷。然而，當它們真正襲來時，我還是完全措手不及。威力好強啊！我的病當然也只是幫倒忙而已。

好友皮普的媽媽，慷慨地讓我以相當便宜的租金租下她的民宿小屋，所以我就住在瑞典克涅里耶德郊外的小木屋裡。在冬季的黑暗中，我孑然一身，憂鬱、無法入睡、有病在身、沒有工作，也身無分文。當收到第一份退休金的通知時，或者去最近的城鎮拉霍爾姆市申請社會救助金時，我都很鬱悶。我被要求先註冊為求職者。在就業服務中心，我填妥了所有表格後要會見一位就業輔導員。他看著我的簡歷說：「呃，一九八九年之前的資歷看起來很不錯……那是二十年前了耶。」

「我知道。」

我的社會救助金的申請沒過。慶幸的是，媽媽和爸爸不僅給予情感上的支持，只要我需要，他們也會提供經濟上的協助。我已經十七年沒花過錢了，回到老家時發現整個社會出奇看重金錢。我發覺自己在想著：**「大家到底怎麼做到的？他們怎麼找到錢來生活、吃飯、穿衣、坐交通工具，甚至偶爾去度假？」**我對於所有東西的昂貴程度感到震驚。

沒過多久，我就罹患臨床上的憂鬱症了。我幾乎每天晚上都會醒來，渾身是汗，因為焦慮在胸口和胃裡翻騰。嚴重焦慮，這是近年來我們經常掛在嘴邊的詞，但我當然不是在談任何日常的工作焦慮。我說的是一種極度悲觀的焦慮，整個人會無可救藥地陷入憂慮和恐懼中，就像被催眠一樣。我說的也是一種濾掉生活所有喜悅的過濾器、一道遮蔽所有思緒的簾幕。有個什麼躲在背後不停無情地說：**「現在如此，以後也永遠如此。情況永遠不會好轉了。」**

真正焦慮過的人都知道，如果你相信自己當時的念頭，那就危險了。事情變得多麼黑暗是沒有底的，而且速度之快。腦子裡有些惡毒的聲音，不斷說服你相信事情永遠不會好轉，讓人深感不安；這是一個人可能經歷到的最大心理恐懼之一。你可能有十個親切、善解人意的朋友，他們一直告訴你這會過去，並不斷提醒你其他事到最後也都會改變——當然，總有一天會這樣。他們的話，你聽見了，也懂意思，但眼下什麼事也沒發生。那個黑暗的聲音還在那邊低語。

我從未經歷過比這次更可怕的事。到了最後，它黑暗到讓我有天夜裡想不開，考慮是否應該結束自己的生命。當然，這只是一個念頭，但它仍然存在，清清楚楚。我再也受不了，也不明白我該如何才能再承受這個重擔。假如你有情緒低落的親友，或者你本人正在經歷一段黑暗時期，幾乎無法呼吸，我想讓你知道：你並不孤單。許多人都經歷過這種處境，還扭轉了情勢。

當你的心情這麼惡劣時，很容易退縮，像我一樣孤立自己。這是沒有幫助的，可能永遠都無濟於事。你要開始去和別人接觸。這一點在逆境時格外重要。如果可以的話，和能映照出你光芒的人在一起。嘗試在感覺安全和輕鬆的關係中找到力量；在這種關係中，你會因為真正的自己而感到被愛。

幾個月過去，又一個冬天來了。由於我從來不接電話，所以朋友幾乎已經懶得再打來了。就算我接電話了，但回答都很簡短，也不約見面。我不忍心和朋友說話，因為覺得我會把自己的黑暗傳染給他們。我可以感覺到自己快要崩潰了。一夜又一夜，我換床單，仰躺著，卻不敢睡——因為這馬上又會讓可怕的念頭回來了：

我永遠交不到女朋友、永遠不會有家庭、我永遠找不到工作，也永遠買不起房子或車子。不會有人想跟我在一起。十七年來，我一直在精神成長上努力，而這就是我的下場。

很多時候我會覺得非常羞愧。畢竟，我已經將大半生投入於深化、理解和培養自己。我回到家鄉的時候，本來應該要像個永恆閃耀的智慧小圓石才對。結果，我反而覺得自己是全瑞典最倒霉的失敗者之一。我腦海中唯一的聲音，是我對未來的念頭，震耳欲聾、令人信服：**「一切只會越來越糟。」**我無法抗拒或與它們爭論。這就像手持一把木劍、頭戴報紙做的小頭盔進入森林，要迎戰一隻噴火的龍。

焦慮是我見識過的最嚴格與最好的精神導師。

我從來沒有像這段時間這樣有動力不相信自己的每一個念頭。因為儘管那些令人生畏的黑暗念頭很有說服力，但我先前所學和修行的一切，仍然提供了細小的救命索。就算我的內心和周圍一片黑暗，可是仍然可以透過冥想找到一個休息的地方、喘息的空間。由於我練習了這麼久的「放下」，因此可以在深不見底的無望中調用這項能力。我無法總是將注意力從那些可怕的念頭轉移到自己的呼吸上。當然，它們會在下一次呼吸後頑固地再次出現，但經過一段時間的努力後，我達到了有時可以撐住連續兩次的呼吸。這幫我挺過難關。

過了十八個月，我才重見曙光。

第26章
這也會過去

我一心只想關在自己的小屋裡，逃避所有人和一切。我對「美好一天」的認定是，沒人打電話或寄電子郵件給我，這樣我就可以一個人狂看半季的《慾望師奶》。但謝天謝地，外面的世界不打算讓我孤立。我也確實意識到，如果繼續不與人往來，對所有的事都拒絕，那就不會有好結果。

一年半後，爸爸很睿智地表示：「比約恩，你啊，太消極了。我們每個月給你的一萬克朗，是預支給你的遺產。現在不會再給了。」我當然不喜歡他的決定，但明白他是對的。因此，我開始慢慢從自己的巢穴裡探出頭來。造訪瑞士的寺院時，我的僧人朋友阿姜・凱瑪西里親切又堅決地說：「納提科，你是該再分享自己了。」他是對的。

我開始教授時長不一的冥想閉關。授課出乎意料地順利。瑞典當時大多數教授冥想的老師都是外國人，他們都以英語授課，因此很需要會瑞典語的老師，我就很受歡迎。做一些受人看重的事，為我的心靈帶來撫慰。我開始一步步重新找回自己。我有東西可以奉獻了。

教學讓我終於找到自己的歸屬。能分享最貼近我內心的事，感覺意義深遠——是我十八個月來不曾有過的感覺。我遇到的人都會以明顯的讚賞方式歡迎我，這意義重大。再次身處別人對我講述自己和個人生活的情境下，我可以給予全部的關注，以及不時的支持和鼓勵——我是**多麼**渴望這樣的相聚啊！

過了一陣子，我放膽採取下一步行動：與沒有尋求閉關之類活動的人交流。我的朋友丹尼爾邀請我為他的商務酒店「群島」的房客演講。在這之後，我越來越常到民營企業和政府機關發表演說。我很驚訝自己在這些地方居然一樣受歡迎。誰想得到我竟然還能有貢獻呢！儘管我身上帶著心理創傷、儘管我很迷惘和沮喪、儘管我很焦慮。

我的自信與自我價值感雖然仍然搖搖欲墜，但慢慢逐漸開始感覺到，再怎麼樣，就業市場上還是有我的立足之地。許多人似乎覺得花點時間來聽我談話，還不錯。甚至有人表示，他們發覺這很有價值。

對我來說，遇到這樣一個友善與慷慨的世界，絕對是至關重要的。有句話說出來或許有人會覺得宗教味太重，但我還是一定要說：我認為這就是業力。我畢竟花了十七年的時間學習如何盡量多傾聽內在最美的聲音。這是有效果的。現在，這個世界希望我一切安好。

在這段期間，我接到瑞典國家電視台的電話：「您住在泰國寺院時，史汀娜・達布羅斯基採訪過您，對吧？現在，她的丈夫謝爾是《與安妮・倫德伯格共度夏夜》（*Summer Evening with Anne Lundberg*）節目的製作人。你何不來上節目，談談回家以後的感受，以及現在的生活呢？」我整個心都在吶喊：**「不不不，不要，不要！你們以爲請到一個坐在現場散發永恆智慧的人，但我現在仍然這麼不快樂與迷惘。」**可是我同時又聽見自己的嘴巴說：「好的，我很樂意上節目。」這是怎麼一回事？

二〇一〇年六月，我去上節目錄影。接近尾聲時，安妮・倫德伯格問我是否有特別渴望的事。我回答：我期待談戀愛。節目結束以後，製作人謝爾・達布羅斯基擁抱了我，然後說：「這是我看過最讚的徵友啟事！」

兩個星期後，節目都還沒播放，伊莉莎白就在臉書上聯繫了我。她是我朋友的朋友，我們只在二十年前的晚宴上見過一次面。在網路上互通訊息後，我邀請她到自己當時住的法爾斯特布。伊莉莎白那時剛參加過一次工作坊，帶課程的老師提到找到一位心靈導師對他本人意義重大。伊莉莎白心想，我也許可以成為她的心靈導師？不過，我有完全不同的打算。

伊莉莎白在法爾斯特布的停車場停好租來的車子，步出車外。我們兩人都有點害羞，但仍假裝大方。我在海灘上曬傷皮膚，我們因此笑了好一陣子。之後我們騎腳踏車去附近的小鎮斯卡諾。伊莉莎白說了很多話，結果誤吞了幾隻昆蟲。這又惹得我們哈哈大笑一會兒。這是不自然中的自然。我的感覺是：**是的，我們兩人就是天生合拍。無論晴天或雨天，她就是我希望可以在自己身邊的女人**。我的冰箱有一瓶粉紅氣泡酒，我拿手的燉魚湯在爐上沸騰，我們就在涼亭用餐。燕子飛得很高，我的心也是。

伊莉莎白成了我生命中最美好的部分。她對我來說一直就像一劑良藥。我們在肢體上的親密與溫柔就是良藥；我們分享的每一天、和她已成年的兒子相處，也是良藥。她料理的食物、她展現的愛與勇氣、她的幽默與笑聲、她每次呼吸間所展現的智慧……全是良藥。我們和所有戀愛中的人一樣，相處難免觸礁。我們會碰觸到對方的傷口，但這幾乎不是故意的。但正是這些破碎、受傷之處，必須呈現在旁觀者充滿愛的意識光芒中。所以，一切都是它應該的樣子，即使在這些時刻。幸好，我們早就意識到爭執誰對誰錯是多麼徒勞無益。因此，我們很少陷在互相指責的戲碼中。有一次我說夢話，但是對著伊莉莎白說的。她醒著，躺在我身邊聽著。在夢中，我稱她是**「禮物」**。實情也是如此。

伊莉莎白和我決定結婚時，我請她讓我在婚戒印上一段獨特的刻字，給予祝福。她很樂意接受這個請求，因為她知道這些話對我的意義。當珠寶商聽到我的要求時笑著說，在她接的所有戒指刻字委託中，這是最不浪漫的一句話。

二十五年前我第一次聽到我想刻在戒指上的這句話。那天在泰國一個繁星點點的夜空下，我們的導師阿姜．賈亞薩羅講了一個發生在十三世紀中東的故事。一位波斯國王以傳奇的智慧治理他的王國。在這個國家的百姓中，有個人真的很想知道國王能英明治國的原因。他走了好幾星期才到王宮，最後也總算獲得接見。這個人跪在國王面前時問道：「國王陛下，您以公正、成功和受人讚美的方式治理國家，祕訣究竟是什麼？」國王摘下自己的戒指，遞給來訪的百姓，然後說：「你會在這枚戒指中找到我的祕密。」這個人將戒指的內側對著燈光一照，隨後就高聲念道：

這也會過去。

沒有什麼會持久。一切都是無常的。這是壞消息，但也是個好消息。

第27章 就從自己開始

最難用可信方式談論的事之一，就是愛。包括對他人的愛、對自己的愛。它是敏感的話題，因為它與人性最脆弱的部分緊密相連，但這也是它會如此重要的原因。

佛陀區分出四種祂認為神聖的心境。它們被稱為「四無量心」（Brahma Vihāra），意思是「梵住」，天神（梵天）的住處——因為正是有這四種心境才能達到天神的境界。這也是人類的神性所在。這裡蘊藏人類的美。

其中一種神聖的心境是**「慈」**。

第二種為**「悲」**。

第三種心境，在西方國家中並沒有真正貼切的詞來形容：**「喜」**。它的意思是指人類天生為自己與他人的順境感到喜悅的能力。當我們喜歡的人過得很好、很開心的時候，我們就會有這種感覺。在瑞典語中，最接近的翻譯可能就是「medglädje」（**同喜**）。

第四種心境就顯得有點出人意料：**「捨」**。常見的英文詞是Equanimity（**也有平等心、清淨之意**），瑞典語當中的upphöjt jämmod（**昇華的清淨**），算是很貼切的翻譯。這是一種充滿智慧的心境。它常是覺察的基本情感內涵。它也是溫柔的事物、天真、清醒，以及我們內心深處有能力接納一切並理解到：這一刻，事情就是它們本來的樣子。

對於如何在這些神聖的心境中、這些蘊藏人類之美的所在中成長，佛陀說得非常簡單明瞭：**你必須永遠從自己開始**。

只要你無法對自己慈悲，你對他人的慈悲就永遠有缺漏，也有些脆弱。為了在愛中成長，我們也需要將慈悲引向內心。可惜的是，我覺得許多人都忘記這一點，並沒有將它當成優先事項。我們很容易變得苛刻、自我批評，因而忽略了自己也是一個需要被慈悲對待的人，尤其是當我們覺得很不舒服的時候。

如果能帶著更多敏感度、耐心與同理心來對待我們內心的傷痛，那該有多好？對於我們的痛苦，如果能透過真誠和誠實的方式提出以下問題來應對時，那不是很有價值？——**「這一刻，有什麼可以幫助自己，使我不必長時間、無謂地有這種感覺？有什麼是我可以為自己做的，讓我更容易做自己？」**

我們經常發現，這在理智層面上很有挑戰性。我們很容易錯過內心低聲說的話，因為腦海中的聲音在咆哮著：**「我不該感覺這麼糟。我對這件事的反應不該這麼強烈。我不該這麼容易被激怒、這麼容易受傷害、這麼善妒、這麼怨恨。」**然而，有一件事是肯定的：這種責備對你已經沉重的心情毫無幫助。相反的，我們應該進到那個受傷處，並試著盡自己所能地用更多的慈悲和理解來看待它。來看看我們是否能找到正視黑暗念頭的方式，將它們帶到光明中，又**不會**相信它們的內容。

如果我們可以用更諒解、容忍的眼光看待自己，自然就會以這種方式對待周遭的人。不過只要我們繼續以嚴酷苛刻的角度檢視自己，就無法用全心全意的愛對待他人。

如果覺得「愛」這個字太宏大，我們甚至可以不用它。以前我最主要的一個僧人榜樣就是阿姜·蘇美多（Ajahn Sumedho），一個高個子的美國人，和我爸爸同年。他後來習慣使用**「非厭惡」**（non-aversion）這個詞來取代**「愛」**。它不完全是直指感情的，但可能是一個更實際的目標。我可以加強「非厭惡」的能力嗎？不要討厭各種事物，包括我自己和別人的事。

我認識很多人因為覺得自己有缺陷和不足，就不願對自己慈悲。他們會認為自己**不值得**受到這種情感關懷。但如果一直等到我們覺得自己值得被愛、直到這種感覺奇蹟出現，我們很可能就只會徒勞地等下去。

要怎樣我們才值得從自己身上得到人性的溫暖？我們要變得多優秀、多有成就、多帥氣美麗？我們要為自己犯下的小錯誤贖罪多久？我們經手的每一件事究竟要做到多完美無缺？我們真的能達到那種境界嗎？

有件事銘記在心，對自己會有好處，那就是：我現在有盡力而為。其他人也有盡力而為。有時在當下很難看到或理解這一點，但大多數人幾乎總是想把事情做好。有時候，結果不會如自己所願。有時事情會進展順利，有時又很不順。但要記住：從「我有盡力而為」的出發點來解讀自己和周遭世界，是有價值的。

在一個人所有的關係中，只有一種是真正伴隨自己一輩子，從第一口氣直到嚥下最後一口氣：那當然就是和自己的關係。想像一下，如果這段關係的特點是慈悲和溫暖、透過寬恕的能力忘卻小差錯，這不是很有價值嗎？想像一下，如果能以溫柔、和藹的眼光審視自己、帶點幽默感看待自己的瑕疵。想像一下，如果可以毫無保留地關愛自己，就像我們對待孩子或別人那樣。這會對我們大有益處。我們內在的神聖心境就會萌芽。

第28章
走進為我敞開的每扇大門

話題再回到我的克涅里耶德小屋。我已重拾有尊嚴的生活，新的職業生涯正在成形。但瑞典給我的難題比記憶中的那個國家更加嚴苛。人與人之間的距離擴大，壓力也更重了。每個人都在談論表現與控管，而我過去十七年來一直在練習放手！更重要的是，我發現自己比較喜歡合作，而不是競爭。但在我目前返回的社會中，這種觀點並不是自然存在的。

我記得大約在這段期間遇到一位斯德哥爾摩商學院的老友。他好奇地問我：「你現在又開始工作了，業務計畫是什麼？」我回答說：「我的業務計畫是走進為我敞開的每扇大門。」這個計畫並沒有特別打動他。但對我來說，這是必然且唯一的選項——時至今日，情況也仍然是如此。除非我的直覺低聲說「不行」，所以我就聽它的囉。

那事情後續是怎麼發展呢？突然間，我得指導工會的一百五十名成員，透過探索正念的奧祕來冥想。第二天，我和來自世界各地的八十名創投家分享自己最喜愛的魔法箴言。多麼好的禮物啊！我一直懷疑自己是否夠優秀，從來不認為自己有什麼貢獻，也不相信就業市場上會有我的一片天，可以讓自己覺得有價值，也能分享別人可能會喜歡的事。而現在，歡迎我的這個世界，慷慨地為我創造了一個接一個這樣的機會——閉關教學、演講、播客、電視與廣播節目訪談，甚至是我自己的巡迴講座。

這一切的結果，是我在人生低谷時想都不敢想的。每次體驗到別人真的認為我有貢獻時，我的內心就會得到療癒。現在我回顧自己的職業生涯時，感覺就像坐完一趟驚險的雲霄飛車一樣，整個人驚呆了。**多美妙的一段旅程啊！**

在我看來，瑞典這幾年開始醞釀一種新的謙遜態度。越來越多人願意向內心觀照，看待世界也不再那麼武斷，會嘗試新觀點並質疑舊觀點。這對我們來說，是個好兆頭。

返回職場這一路上，我的指路明燈始終是**信任**。對我來說，記取過去的經驗可能比以往更重要，包括要像張開的手掌一樣過生活、不要為了達到己意一直企圖操縱周圍形勢、信任這個世界。當然，在僧人生活中這樣做，和在穿褲子的西方社會生活中力行這些經驗，大不相同，但這樣做同樣重要。在這個社會中，我們很容易相信自己可以且應該對生活有多一點的掌控。但我們錯了。

記得在還俗兩年後，我要去雙親家還車子，因為那時我沒有車，他們借我的。那次我借車是要去胡克斯赫加德莊園飯店，有人委託我在瑞典高爾夫球行政管理人員的年度大會上當接待——這是還俗僧人的許多奇特零工之一。當我開車快到斯德哥爾摩時，電話響起。來電者是瑞典ＴＶ４電視台，他們希望我參加晨間節目，談談自己人生下半場的重大轉折。

他們在前一天才讓一個剛出道的九十二歲偵探小說家上節目，結果這一集大受歡迎。我可以想像他們在節目企畫會議上腦力激盪的場景：**「我們還找得到其他在晚年做出重大改變的年長者嗎？不是有個過氣的還俗僧人住在哥特堡嗎？我們或許可以邀請他上節目？」**

我竟然傻傻的就答應了。接下來，焦慮當然讓我整晚都睡不著。我的自我形象仍然一點都不出色，而且說我第一次參加直播的感覺是緊張，還算是輕描淡寫了。

第二天早上，儘管睡眠不足和緊張讓自己快撐不住了，但我還是來到瑞典ＴＶ４電視台的攝影棚。主持人彼得・吉德（Peter Jihde）與蒂爾妲・德・寶拉

（Tilde de Paula）都相當親切，過了一會兒，我們就在沙發上坐定，開始談話。攝影機在轉動拍攝著。對話進行到一半時，我說了這樣的話：「嗯，你們知道的，人生有時就是會遇到一扇門關閉，而下一扇門又還沒打開。有些事再也不會一如從前，像是一段人際關係、一份工作、一間住處、一個居住地區。它畫上句點，下一步又尚未到來。突然間，你發現自己處於高度不確定的境地中。那你有什麼可以依靠的？在這些時刻，感受到內在的信任感，不是很有價值嗎？」

彼得．吉德的表情，看起來有點像一個笑臉問號。如果他是一個頭頂浮出思想泡泡的卡通人物，上面的文字可能會像這樣：**「我真的不懂你在說什麼，但我挺喜歡你的。」**蒂爾妲．德．寶拉的肢體語言透露的懷疑就很明顯。假如她頭上也浮出思想泡泡，它可能在說：**「是啊，談信任，你當然容易啊——十七年吃住都免費耶。」**不過她實際說的話比較委婉一點，大致是這樣的：「但說真的，比約恩，要供應小孩上幼兒園、顧三餐溫飽，你不能永遠只靠信任啊！」

對於這樣的異議，我是有備而來。我知道當自己開始要談信任時，會激怒人。但因為整晚睡不著，都在擔心這個問題，所以我已經想好要說的話了。我回答說：「是啊，蒂爾妲，妳說得沒錯。我完全同意。信任不會一直是解決方案或答案。

有些情況還是需要我們出手控制。讓我們來看看伊斯蘭教這個偉大又出色的智慧寶庫。伊斯蘭教中有許多睿智的格言，其中有一條聖訓是這樣說的：『**信賴眞主，同時也別忘了拴好你的駱駝**。』」

先聲明，雖然這句話很有趣，但我並沒有在亂開玩笑。我很喜歡這種智慧，也謹記在心。人很容易陷入非黑即白的思維裡，一味以為自己必須始終活在信任中，無論情況如何也只依賴信任。不對，不對，不對！比方說，要報稅時，依靠「信任」根本就不是個好主意。這時，「控制」才是最重要的。當答應小孩要準時出席一個活動時，你可能需要的是規畫。但我的感覺仍然是，在這個時代、在這個世界的這個地方，有許多人需要被提醒：信任是很可貴的。

對我而言，信任已成為自己最好的一個朋友。當努力摸索人生的行進方向時，信任與當下的智慧正是我的指南針。我希望能信任自己，也希望可以相信人生。

第29章
生命的意義是找到與分享你天賦的禮物

有時一想到如果繼續經濟學家的生涯會是什麼樣子，我簡直會發暈。直到今天，我仍記得從斯德哥爾摩商學院畢業後半年的感覺。那時要坐利丁厄島輕軌電車前往ＡＧＡ總部上班。每天早上，我腦海裡的思緒就像在鬧哄哄教室裡的孩子——嬉笑與推來推去。它們對我必須執行和達成的一切都大吼大叫。在背地裡還有一股糾纏不休的感覺，不停地責備與挑剔我準備不足、考慮不周，以及很多環節都出錯。我坐在車上，心情很沉重。**難道這就是我的職場生活該有的樣子？——總是擔心自己準備不充分？如果真是這樣，那能不能直接快轉到退休？耗這麼多時間在這種情緒中，對一個人有什麼影響？**

幸好我找到另外一種方式來迎接新的一天。這不會讓我陷入和迷失在自己的偏好、期望與恐懼中。它也使我意識到，生活就在此時此地。以這種方式生活，真是太有趣了。我也很高興能根據這些基礎來規畫自己現在的職業。

當然，這一切又回到信任了。舉例來說，當演講時，我不會先準備演講稿。我並不是說準備演講稿有什麼問題。但我有一種感覺，一旦開始用精心安排的草稿，每次都講著自己寫下並排練無數次的內容，我內心必然有什麼會乾枯與削弱。我認為聽眾也會感受到這一點。這樣就沒那麼「真實」了。

我在職業生涯中做過最勇敢的事情之一，就是在二〇一九年在瑞典進行全國巡迴講座。我們將它稱為**「通往自由之鑰」**。這感覺有點狂妄，但比起從前，現在所剩的生命更少了，我不能再等待世界的認可，只能勇往直前。我的朋友兼死黨卡洛琳不遺餘力地解決了所有的實際問題。我們的計畫是走訪八到十個城市，但最後，我們總共去了四十個城市。我從來沒有這麼興奮過。兩萬多人願意給予這樣的信任，並以開放的心聆聽，我仍然覺得太不可思議了。

我事先詢問過幾位演說家：「如果有個中年白人男子不太會用肢體語言，坐在台上演講兩個小時，又沒有草稿、中場休息、音樂或視覺效果，你們覺得如何？」一沒有一個人認為這種演講風格能立即贏得熱烈迴響，這我完全可以理解。這整個過程真的非常古怪，但它就是奏效了。因為即使沒有草稿，甚至沒有非常明確的規畫，可是它擁有非常堅定的意志與滿滿的善意；而我已經學會信任這些事了。此外，大家似乎也很讚賞這種誠意。

我在瑞典的家庭生活開始找到一種節奏，它與寺院生活的節奏不完全一樣，卻是另一種方式：我和伊莉莎白的日常生活、我受邀指導冥想課程和週末冥想、為民營企業演講、與朋友共進晚餐、造訪世界各地的寺院，或者聆聽精神導師的講座。這不是我出家前的生活，也不是我當僧人時過的生活。這是一種嶄新的方式。而且我發現自己對此沒有太大的存疑。我喜歡這種生活。

但是，有件事破壞了這個節奏。它已經現出不尋常的蛛絲馬跡。睡眠問題繼續困擾我。我像一隻被棒打過的海豹一樣痛苦入睡，但經常又太早醒來，也難以再度入眠。

在跑步過程中，我注意到自己的身體不像以前那樣有力氣。感覺就好像我正以越來越快的速度變衰弱，失去肌力。有一天，我發現到自己竟然沒辦法再做伏地挺身或仰臥起坐了。

事情不太對勁。我身體在發出要自己注意的訊號。

有天晚上，我和伊莉莎白彼此依偎在床上看書的時候，她突然看著我，問我為什麼身體在抽搐。

我放下手上的書，清楚看到自己的胸口、腹部與雙臂在抽搐，而且我無法阻止。肌肉跳動不是太明顯，是輕微的顫動。肌束顫動。

我拿起電話，開始探詢自己注意到的身體變化。結果，不是太樂觀。

第30章

信任給我的來回票

我在泰國時最要好的朋友，名叫泰賈帕諾（Tejapaño）。我們是同一時期剃光頭，成為沙彌。泰賈帕諾是那種有「英雄氣概」的男子。他來自紐西蘭，曾是衝浪冠軍手，也是我這輩子見過最英俊的男人之一。我們去化緣時，由於我比他早一分鐘成為沙彌，所以走在他前面。一般來說，都是女性村民出來布施。當她們將食物放在我的缽裡時，會低著頭微微鞠躬，雙手合十。可是在泰賈帕諾的缽裡放食物時，她們常常會抬頭看一眼，然後露出最燦爛的笑容。我不能責怪她們。

談到信任，我就會想起自己和泰賈帕諾的一次旅行。我們要去馬來西亞續簽簽證。只要成為正式的比丘，在曼谷的泰國宗教局就會協助辦理簽證事宜；但如果你還是沙彌，就得自己處理。森林僧人雖然不經手金錢，但寺院並不是沒有支付的方法。它有一個基金會，總是會收到夠多的捐款。因此，當我們的住持私底下向基金會理事說，有兩名沙彌為了去檳城的泰國領事館續簽簽證，需要火車票去馬來西亞時，一切就會安排妥當了。

我們搭夜車去曼谷，第二天早晨，一群在月台上等車的可愛大嬸給了我們食物。當天下午，我們就抵達了在檳島對岸大陸上的北海。

要搭橫越海峽到檳城的渡輪，需要花幾塊令吉。我們現在該怎麼辦呢？前文曾提到，僧人不能乞求任何東西。

我們面面相覷，接著哈哈大笑說，這就是一個練習信任與耐心的好機會。因此我們站在渡輪碼頭，離售票亭有一段距離。我們在那裡站了兩個小時，不時有路過的人停下來和我們閒聊，最後有個年輕的美國男子走上前來：

「嘿，酷唷，來自西方國家的僧人！」

「哈囉，哈囉！」

「你們穿的僧袍有點偏赭色，和我在曼谷看到的橘色僧袍不太一樣。你們是森林僧人嗎？」

「是的，我們是森林僧人。」

「你們在這裡做什麼？」

「呃……嗯，我們……就站在這裡……」

「是啦，但這裡畢竟是渡船碼頭。看到森林僧人出現在這裡，似乎不太尋常，你們不是應該要待在森林嗎？」

「是啊，正常情況下，是這樣沒錯……」

「我剛剛和一個人聊天，他告訴我關於森林僧人的事。你們真的想幾乎按照佛陀時代的人那樣過生活？」

「嗯，是啊，沒錯。」

「你們真的完全不碰錢？」

「是的，千真萬確。」

「然後，你們人站在這裡？」

「是啊……」

「難不成你們是希望搭渡輪，可是不能買船票？」

「沒錯，事情就是這樣。」

「喔，天啊，這樣一切就說得通了！我來幫你們吧。反正這票才沒多少錢，有一趟還是免費的。我就幫你們買兩張來回票吧。我來搞定！」

當你讀到關於寺院、比丘、比丘尼、戒律與淵遠流長的古老宗教時，會聯想到控制、可預測性、約束與隱居，這也怪不得你。但我希望你知道，這完全不是我們的生活方式。我們每一天都得和外界接觸，也要仰賴陌生人的慷慨。寺院生活的目的是在提高不確定性的程度。這種訓練的結果非常有用。

它一次又一次向我證明，甚至是身處在這個「凡俗的世界」。我們並不是生活在一個沒有規律、冷酷、充滿敵意的世界中。實情恰恰相反。你投入到周圍世界的東西，也往往會回到你的身上。你越是固執地要控制自己的生活環境，就會在被提醒有「信任」這件事存在時，更加不舒服。這會導致你失去信任的幫助。但在有些情況下，你也只剩信任可以依靠了。

第31章
宣告

二〇一八年九月十一日，瓦爾貝里的天空下著滂沱大雨。當我走進醫院神經科醫師的診間時，感覺自己就像個即將上戰場的士兵。心情很鎮定，同時又很害怕。對於自己的世界也許即將發生天翻地覆的變化，我已經盡量做好心理準備。

在開始留意到自己的身體表現異常後，我去就醫了。當年的夏天，我做了好幾項令人相當不舒服的檢查，其中一項是用針刺穿我的舌頭，另一項檢查是在身體不同部位用數百次強度越來越大的電刺激。當然，我也越來越確定病情的嚴重性。我用谷歌搜尋了自己的症狀，心裡很清楚醫師可能給我的最壞宣告是什麼，而且直覺告訴我，該為此做好準備了。醫師在平靜陳述我的檢查報告之後，似乎花了一點時間調整自己，接著就說出她很希望不要說的話：「比約恩，所有跡象都顯示是ALS。」

就這三個字母——ALS。這樣的情節，宛如一場噩夢。《瑞典晚報》稱它是

「魔鬼的疾病」。全名為「肌萎縮性脊髓側索硬化症」（俗稱漸凍症）的ＡＬＳ會導致人的肌肉逐漸萎縮與無力，最後因呼吸衰竭而死亡。現代醫學仍然無法治癒ＡＬＳ，因此稱它為「絕症」。我對醫師說：「我在維基百科上讀到，患者在確診後通常還有三到五年可活。」她回答道：「就你的病情來說，我認為大概只有一年到五年可活。」在我撰寫本文的時候，已經時隔一年又九個月了。

我慢慢發覺，這時自己就像同時身在兩個時空。在個人這個時空裡，這個宣告對我的打擊很大。絕望與震驚瘋狂地撕扯我的內心，我一直在啜泣。同時在另一個時空裡，我仍然保持冷靜，以溫和與開放的眼光面對這個全新的事實，沒有絲毫的抗拒。這很奇怪，但也不陌生。我仍然有一個面向的自己可以倚靠——「覺察」。這一面的我總是清醒著，從來不會與現實對峙。

這位醫師很有經驗，ＥＱ也很高。當我坐在那裡震驚萬分時，她親切又帶著敏銳的觀察力和我說話。我盡所能地把持住自己，因為想將她說的話全用手機錄下來，以免漏掉重要訊息。她說明接下來病情會如何發展之後，我就離開了診間。門在我身後一關上，我整個人就完全潰堤了。當打電話給朋友納維德的時候，我哭得很厲害，全身都在發抖。我已經和親愛的伊莉莎白達成協議，不透過電話講檢查結果，等我回家以後再說。我們兩人都很害怕可能的結果。所以，納維德一直陪著我穿過死氣沉沉、永無止境的醫院走廊，踏入傾盆大雨中，然後上了我的車。開車後，我覺得自己可以撐到家，所以就結束通話。只能這樣了。

我注意到悲傷是如何一波接一波地襲來。車子開上高速公路時，如火山爆發般的哭泣再度使我全身顫抖。我被難以忍受的念頭壓倒，例如：**「我以爲可以和伊莉莎白一起老去，也一直好期待有孫子輩，還能看著他們長大。」**

因此我再打電話給另一位朋友——綽號「消防員」的拉斯．古斯塔弗森（Lasse Gustavson）。拉斯是我有幸遇到最美麗的靈魂之一。他就像我生命中的燈塔，即使在波濤洶湧的海上，在最危險、最尖銳的岩石旁，我也能轉向他，找到光明。他的光也總是以令人信服的方式，釋出這樣的訊號：**「一切自有安排。始終如此，宇宙從來不會出錯的。」**

拉斯讓我的心定下來了，一路陪我到離家還剩下七、八分鐘左右的地方，讓我可以冷靜地一個人開車回家。這時我覺得自己哭完了，悲傷情緒一掃而空。暴風雨已經平息下來，我的身體感覺很放鬆，胸口整個紓解開來，內心完全平靜。我什麼事都沒想，只是靜靜地安住在寧靜中，體驗全然的覺察當下。

就在我準備開下高速公路時，有個什麼從內心生起。那個睿智、直覺的聲音就像過去幾次一樣，從同一處湧現出來，再度對我說話。它不像我下文那麼囉嗦，我也不能說它是用實際的語言表達出來的，它更像是一個瞬間的畫面或靈感，但它的訊息非常清晰：

> **感謝身邊所有的力量，長期以來，給了這麼多的鼓勵，讓我能誠實與正直地生活。謝謝你們給了這麼棒的機會，讓我更能展現出自己最美的一面。現在，我嚥下最後一口氣的時間似乎比自己希望的早很多，而我可以問心無愧地說自己沒做任何不可饒恕、深感後悔或無法導正的事，也沒有造下沉重的業力需要承擔。當大限到來時、當永遠要離開這副皮囊時，我可以坦然面對死亡，因爲我知道自己這一生活得很美好。我嚥下最後一口氣時，也不害怕接下來會發生什麼事。**

這有點令人驚訝，神奇的時刻往往如此。這種感覺無比有力量與美妙，簡直就是喜悅。重要的是，這就像一張證明的收據。我一直都知道，在明確的道德準則指引之下，抱持誠實、真誠、正直過生活，至關重要。但是就在這一刻，我體驗到，有某種力量想讓我知道：**「你已經做好充分的準備了。你會無憾地面對死亡，不必擔心。」**

第32章 這就是結局嗎？

當我從瓦爾貝里的醫院一路開車回到家，再走進大廳時，什麼也沒說。伊莉莎白只看著我，就明白我們最擔心的事發生了。我們緊緊擁抱彼此，不住地哭泣。一連好幾天，我們就這樣以淚洗面。通常，我們是輪流哭，就好像我們的悲傷知道對方什麼時候有能力把持與提供支持。

第三天早上，我像往常一樣早早起床，並注意到自己胸口變得更舒坦了。大約在六點左右，一位朋友打來電話，為了避免吵醒伊莉莎白，我躡手躡腳地走進洗衣房，坐在瓷磚地板上講電話。過了一會兒，她探頭進來。我抬起頭，看見她露出宛如天鵝絨般溫柔的微笑，用嘴型無聲地道**「早安」**。我們凝視彼此良久。我注意到她的雙眸終於恢復光彩。謝天謝地！沒有暴風雨是永遠的，**這也會過去**。

我找到一種相對坦誠的方式，來因應自己生病的相關通知。很難說這是由於接納，還是否認。或許這並不重要。反正我和伊莉莎白起碼找到一種可以忍受的態度。我們誰都不想將醫師的悲觀預測全部照單全收，認定這是唯一可能的結果。我們當然想為奇蹟保留一扇門。也許我會在這一年結束前死去，或者我們還能再共度另一個美好的二十年。沒有人可以料定。**可能是，可能不是**。

我曾經看過一個看板寫著以下的話：「自己不要的，不要送給別人，比方說，建議。」

當我在社群網站上貼文發布自己罹患ALS時，請大家不要給任何關於保健的建議。不過還是收到一堆。我會收到，這是代表大家關心。但有一類建議，我就是不懂為什麼有人會這樣給別人：「**我比你更清楚爲什麼你會得這種病。要恢復健康，你必須做……**」通常，這類型的建議大多聚焦在提出一些導致我身體疾病的情緒與心理因素。實在無法形容這讓我有多生氣。這真是太自以為是、太冒犯了，根本是在幫倒忙。

然而，對我最有幫助的，是在僧人生活中學到的那些經驗。畢竟，我可是接受了十七年全天候的訓練，練習如何不去創造想像中的未來場景，以及不相信自己的每一個念頭。在我確診ALS後，這些能力當然變得比過往更重要。它們協助我稍微擊退了那些災難性的念頭，讓我不要去想自己與輪椅為伍、不能言語、無法自主吞噬的樣子。我反而因此注意到有個感覺在體內生起：一種非常強烈的感覺想要好好活，一直到死。我不怕死，只是還沒準備好要「停止活下去」。

很快的，盡可能讓自己的生活正常化，對我來說就變得相當重要。我可不想**應驗醫師的診斷預言**。在這種情況下，很容易讓自己成為受害者，或變成一種身分——**「病人」**。我一直小心避免這種情況。這就是為什麼我在確診ＡＬＳ後繼續巡迴演說的部分原因。這或多或少是想提醒全世界、甚至是我自己：**「我還在這裡，我還是活得好好的。」**

隨著ＡＬＳ症狀漸進式蔓延，獨自外出當然會出現一些實際的障礙。請旅館的清潔人員協助我扣襯衫與長褲的鈕釦時，得開始練習自己的泰語。在加油站拜託人幫忙從繳費機取出信用卡時，必須訓練我的信任度。或者在我誤判飯店到林雪平劇院的距離，必須請一個陌生人攙扶時；當我再也沒有力氣於鵝卵石路面上拖行李箱，得尋求一名年輕男子協助時；當我在隆德的街上跌倒，頭受到嚴重撞擊，需要有人幫忙才能起身時。這類的情況要說多少，就有多少。但隨著我所需要的實際幫助越來越多，也越來越清楚，大多數人都喜歡幫助別人。當眼前出現這樣的機會時，我們都很樂意助人一臂之力。

在確診ALS一年多後的那個冬天，我罹患兩次嚴重的肺炎。第一次是在哥斯大黎加過聖誕節假期。最後我的病況緊急到被救護飛機載到首都的一家醫院。我記得當時躺在那架賽斯納小飛機上，呼吸非常急促，透過窗戶望著外面的星星，心裡想著：**「這就是結局嗎？」**

六星期後，肺炎又復發，但這次我是在薩爾特舍巴登的媽媽家中。二月份的一個週六，因為呼吸急促變得非常嚴重，讓我得在凌晨三點打電話叫救護車。雖然救護車十分鐘後就到了，但同樣的念頭又一次湧上我的心頭：**「這就是結局嗎？」**

這兩次的經驗都非常可怕。但讓我這麼害怕的，並不是我的生命似乎即將結束的事實。讓我覺得可怕的是，生命結束時，看起來**是什麼樣子**。要是讓我列出十種覺得最合適的死法，窒息絕對不在其中。

我確實考慮過，要是ALS的症狀變得太難以忍受，持續的時間又太長時，去瑞士由醫師協助安樂死的可能性。很高興知道有這種選擇。但是我內心同時又有個聲音，只想讓整個過程順其自然發展下去。就像在暴風雨中選擇留下來跟船一起沉沒的傑出船長一樣，在大限到來之前，我內心的某個部分也不願意從自己的軀體退場。

自從確診ＡＬＳ後，我的日子充滿了悲傷，但幾乎沒有恐懼或憤怒。我的悲傷主要是關於所有現在不會發生的事情，以及我會錯過的一切。一想到當繼子有自己的子女時，我不在場，就悲不可抑，也因此在談這件事時仍然很難不崩潰。還有我和妻子伊莉莎白的未來。我非常想和她一起變老。

然而，我不曾對ＡＬＳ、神或命運感到憤恨。從來沒有誰承諾要讓我長命百歲。在這方面，人類就宛如樹上的葉子。大多數的葉子會一直到枯萎或變色才落下，但有些葉子會在依然翠綠時掉落。

第33章 一切都會離你而去

就算我的心理與精神狀態仍然良好，但身體一步步被迫放棄的感覺，當然還是令人難過。罹患ＡＬＳ有點像被迫和一個小偷同住；起先，小偷搬進來時，我深感不安。這種不安放到ＡＬＳ的世界裡，就相當於腰椎穿刺、肌電圖、神經造影等檢查。你可以想像一下，一根大到驚人的針和許多比較小的針，插在你非常不舒服的部位——通常還伴隨著電刺激，而且檢查時間又長到很不像話。

接著我慢慢開始發現，家裡一直有的物品突然消失。小偷似乎已經把它們拿走了。有一天，我做伏地挺身或仰臥起坐的能力消失了。另一天，我跑步、游泳、划槳、騎腳踏車、投擲、抓握或舉重的能力也全消失了。我被迫習慣尋求別人的幫助來剪指甲、綁鞋帶、轉開門鎖、做三明治、給車子加油、打開瓶蓋、剝香蕉皮、擠牙膏，以及其他上千件事。

慢慢的，我逐漸意識到，這個小偷沒有奪走我的一切，是不會善罷甘休的。

而我——根據醫學界所知——對它完全無能為力。幸好，家裡還住了另一個人：我的伊莉莎白。她相當於現代版的中世紀騎士，身披閃亮的盔甲，在激戰中與我並肩而行。她拉開頭盔面罩，對我露出最燦爛的笑容說：「**別害怕。我一直都在你身邊。**」這時，我就知道，無論結果如何，一切都會好好的。

在兩年的時間內，我失去了二十公斤的肌肉。每一次試著想從沙發起身，都變成一次考驗力氣的壯舉，也不知道能不能成功起身。體能上，再也沒有一件事——我的意思真的是**完全沒有**，對我是容易的，就連喝一杯茶，或刷牙都是。而我仍然使用電動牙刷。

當佛教徒進行冥想時，注意力主要放在自己的身體內在，但是會做出明顯的區隔：我們不等同於這具軀體，而是**擁有**這具軀體。佛陀甚至曾說過：「透過這一尋長❶的身體，我感受到不生不滅的事物。」

身體的本性就是不時會生病、衰老——如果你幸運的話——然後總有一天會死亡。在學佛修行的某個期間，我內化了一個相當寫實的觀點，也就是人可以對身體提出要求。有時，我會將身體想像成一套配發給每個人的太空服。我收到屬於自己的太空服，而它的品質沒有其他人那樣一流，所以它的磨損速度似乎比較快。這不是我能控制的。

在僧人的生活中，其實已經用很多方式讓我在不知不覺中為死亡做好了準備。佛陀特別強調，記得人總有一天會死去，是極有價值的。在泰國的森林修行派中，我們也如實遵照這一點。我們每天都要接觸到這樣的體悟：人的生命是無常的，總有一天會死亡。

當走入我們寺院的禪堂時，首先映入眼簾的是一具完整的人體骨骼，擺在玻璃櫃中。這副人骨的太陽穴有一個洞，因為它的主人是一名用手槍自盡的女子。在她的遺書中提到，要將自己的遺體留給這所寺院，這樣就能用它來提醒大家：人終有一死。如果再走上祭壇，往更裡面走會經過那兩尊巨大的黃銅佛像，然後你會看到大約五十個大塑膠容器。每個容器內都裝著一名已故寺院信徒的骨頭和骨灰。

我前文曾提過，我們的寺院又位於火葬園附近，這表示當地人的葬禮會在我們旁邊進行。一開始，我對於這些葬禮上的氣氛相當吃驚。它們是如此的放鬆，人們交頭接耳，有說有笑，然後喝了**很多**、**很多**的汽水。我會看到有人當眾哭泣，只有

---

❶ 編注：一尋長，約一・八公尺。

在亡者是小孩的時候。

葬禮的過程大致如下：下午，往生者的家屬會推著放了棺木的木車，從村子一路唱歌到火葬園。棺木會放在薪柴堆上，也會將當中的遺體從仰躺調整為側臥。這一點很重要，因為如果沒有這樣做，火化時，遺體的上半身就會從棺木中立起來。有人告訴我，這與人體的肌腱有關。

由於傳統規定死者火化前得躺在未蓋的棺木內，放家中客廳三天，因此大家都有時間適應原本熟悉的人已不在人世的事實。此外，熱帶高溫在未冷藏的遺體上引發的自然分解，也有助於讓「死亡」變得非常具體，一點都不抽象。

有時，我會選擇在火堆邊和正在火化的遺體待上一整夜，在冥想中觀照生命的無常與死亡的必然。這些冥想總能平息我內心的不安，安撫一些焦慮。我變溫和、敞開心扉，內心有點變涼了（我這裡是指令人舒坦的感覺）。這種感覺就像是我的身體在看到它時，就認清了真相。一個令人不自在的真相，只要我們不逃避它，就會對自己有好處。

我年輕的時候，花了很多時間在意自己外表的種種。對於一切不如己願的樣子，我自怨自艾。但今天，我和自己身體的關係截然不同。它感覺更像是我的一位老友，長久以來，我們一起風雨同舟。我們都不再年輕了。我心懷感恩，想要讚美我的身體：

身體啊，謝謝你，每一天都竭盡全力。
現在你正在打一場苦仗。我懂。
你現在的一切都得付出代價。然而，你仍然爲我竭盡所能。
即使你連自己需要的空氣都得不到。
我正在盡一切所能幫助你。我明白這還不夠，還差很遠。
然而，你繼續奮鬥，日復一日付出自己的一切。
你是我的英雄。
我保證，一旦又有一個動作你做不來，我絕對不會生你的氣。
我保證，會比過去任何時候更常好好聆聽你的聲音。
我保證，不會向你索求超出你能力和沒有意願給予的事。
對不起，我以前總是這麼做。

最後，也是最重要的一點，我鄭重承諾，當你再也撐不下去的時候，我會按照你的意思去做。

到那個時候，我會盡自己所能地臣服與心懷感恩。在接納與信任中安息，並因爲我們曾經擁有的美好人生，感到喜悅，也用堅定與無畏的聲音對你說：

「順從你的意願，而不是我的。」

第34章 成為你在世界上最想見到的樣子

我在泰國遇到的第一位住持阿姜．帕薩諾，並沒有口才的天賦。他一點都不喜歡講課。他會這樣做，原因只有：這是在他這個職位上該做的事。但觀察他每天的一舉一動，就會看到他的傑出之處。看看他是如何花時間和來到自己身邊的人相處，以及耐心地對待每一個人。有些造訪者相當傲慢，想要吹噓自己的心靈狀態，以及他們自以為的成功。有些造訪者相當粗魯。但是，阿姜．帕薩諾對待每一個人，都是和善與公平公正的。擔任寺院住持、成為所有人的好榜樣，當然不是一件容易的事。但在我眼裡，他真的做得很棒。他言行一致，能用行動來證明自己所有的教誨。他始終是真心實意。

有天晚上，大家在喝茶時，阿姜．帕薩諾開始對我們大談哲理。我媽媽正是在這一天問他，出家後多久才回加拿大探視家人，所以這可能是讓他勾起特別回憶的原因。他開始描述自己十六年來第一次回家的情景：

當時是聖誕節假期，他在父母家。他的家人和親戚齊聚一堂過節。有天深夜，阿姜・帕薩諾和正在喝威士忌的堂兄坐在一張桌子旁。過了一會兒，堂兄就倒了第二杯酒，並將它推向阿姜・帕薩諾面前。

「你要喝一杯嗎？」

「不了，謝謝。森林修行派的僧人禁酒。」

「喔，喝啦！反正又沒人知道。」堂兄勸誘著。

這時阿姜・帕薩諾抬起頭看著他，沉靜又真誠地回答：

「我會知道。」

我記得他說這話時，我脖子後的寒毛直豎。對我來說，當一則教誨來自我覺得放心、信任且尊重的人時，有時會特別有分量。這樣的人即便只是說了非常簡單的事，但最後依然能引發我的共鳴，因為我對說話者很有信心。這就是為什麼那一刻這麼有啟發性，也是我有生以來收到最棒的一項提醒，告訴我為什麼過誠信的生活是值得的。**這**就是我想實踐道德的方式。**這**就是我想為自己言行負責的方式。

我之所以想在完好的道德指南針的引導下問心無愧地生活，並不是有哪本書，或哪些布滿塵埃的舊宗教手冊宣稱我該這麼做。或者因為我希望在別人面前顯得正直。也不是因為有個白髮老人正坐在雲上，計算我的功過。這只是因為我記得！

所有我覺得羞恥、擔心別人發現、知道自己做錯的事——這些全是沉重的包袱。背著它們實在累人。相反的，想像一下，如果沒有帶著太多的陰影過日子、沒有太多關於自己用不正當手段行事的痛苦記憶，我會是什麼樣子？

這就是為什麼不要為了一己私利而欺騙他人、不要為了滿足自己一時的目的去傷害別人，也不要為了貪圖便利而捏造或扭曲真相。因為這樣做有其價值。

會做以上事情，是人之常情。大多數時候，要做這些事是很容易的。但當我們主動選擇為自己的言行負責時，一些美好的事情就會開始發生。這會減輕我們的包袱。我們這樣做不僅是為了別人，最主要還是為了自己。

在泰國有一句很妙的說法，他們會說：「**在佛背貼金箔。**」它起源自一項傳統：人們定期帶著一片金箔、蠟燭與熏香到廟裡，靜坐冥想片刻後就將它們交出去，藉此表達自己對信仰的敬意。泰國大多數的佛像都貼著金箔。這句話的意思是：你不必宣揚自己的善舉。將你的金箔貼在佛背上，沒人會看到，這種做法的概念會令人歡喜。就象徵意義來說，也是如此。他人是否知道，並不重要——你知道。你會記得，而且你必須一直和自己共同生活。我們的行為與記憶，就好比自己的泡澡水；它的乾淨或汙濁，全看自己的選擇。

針對什麼在倫理與道德上才是正確的，我們可以沒完沒了地討論。幾千年來，哲學家們一直在探究這個問題。但對我來說，它可以歸結為一個簡單的事實：我有良心、我會記得自己做過的事與說過的話。這些事會在我的行囊裡，我也可以選擇要打包什麼東西。

所以在道德的領域裡，我們要對什麼負起責任呢？很確定的是，這不包括衝動。人不時都會產生瘋狂的衝動，就算我們假裝沒有。我們的住持曾說過一個在一九七〇年代美國總統選舉中發生的事，正好能說明這一點。吉米·卡特原本有望勝選，成為下一任總統。在一次採訪中，記者問他：「你是否出軌過？」吉米·卡特回答道：「我的身體從來沒有，但精神出軌很多次。」人們對他的信任暴跌。但是，正如我們的導師所說的：如果這場訪問是發生在一個更開明的文化中，那麼眾人對他的信任反而會提高。因為還有什麼比這更符合人性的？我們都很認同這一點。衝動是原始、根深柢固的行為，我們對此不負責。

但另一方面，看到一個人能以足夠成熟的方式好好控制衝動、能釐清哪些衝動需要採取行動與放掉，當然更好。

佛陀對此的描述相當精妙：一個人對自己的言行負責、堅持真理、遵守規則、不蓄意傷害任何人，就會像熱帶區夜晚裡的圓滿清涼月，從雲層後方緩緩出現，照亮整個大地。

我年輕時看過一部西部片，叫《小巨人》（*Little Big Man*）。電影中有一個印第安酋長叫「老帳篷皮」（Old Lodge Skins），他的生活非常艱辛。有天早上，他從自己的圓錐形帳篷裡走出來說：**「今天是死去的好日子。」**這就是我希望的死亡到來方式，就像迎接朋友那樣。死神啊，歡迎祢來。祢在我耳畔低語：**「這一切總有一天會結束。一定別讓自己留下任何陰影。」**這讓我知道重要與必須正確看待的事。

因為生命會驟然結束，所以我選擇如何生活就很重要。無論是否相信因果報應，我們的行囊很可能會影響自己的感受——對於過去、現在和未來一切的感受。

所有宗教、靈修傳統都強調，記住人總有一天會死亡的重要性，這並非巧合。當你做決定與找到應對自己生活的方式時，請牢記這一點。我們**可以**選擇展現自己的美善。今天展現的比昨天多，明天又更多。人的生命是很短暫的。當真正理解這一點時、當不再將別人與自己擁有的事物視為理所當然時，我們就會以不同的方式度過自己的人生。

我們無法影響每一個可能的結果，也不能讓一切都如自己所願。但我們可以選擇根據自己最明智的意圖採取行動，並對自己言行舉止的道德品質負責。這可不是一件小事，而是影響深遠的事。所有人都做得到。也不需要別人做出改變，你的內在才能變美。這真的就這麼簡單。

我想，一個普通的十歲小孩或多或少能說出人心的美有什麼：耐心、慷慨、樂於助人、誠實、全心全意、寬恕的能力、暫時設身處地為他人著想的能力、慈悲、聆聽、同情心、同理心、體貼。要辨別這些特質，其實不難。但我的感覺是，我們的文化並不總是鼓勵人展現這些特質。這就是為什麼我想要強調它們。這提醒我們，要問心無愧地生活，以及竭盡所能展現自己最美的一面。我很難想像，在現代這個世界上，還有什麼比這更重要的。

這是否表示我們必須解決全人類與全球的所有問題？我們是否必須成為甘地或瑞典環保鬥士葛莉塔・通貝里？絕對不是這樣的。只有一小部分人似乎懷有這樣的想法，他們喜歡採取這種大舉的行動。這很優秀，也很棒。但是，選擇在自身、眼前的現實中採取行動，同樣有價值。你可以留意日常的態度、小事情的奇蹟。並注意到，在自己最容易與最上手的事以外，你對其他的事選擇了多一點耐心、諒解、寬容、真誠與支持。生活真的只是由這些小事情構成，它們累積在一起時，就能形成大事。

每個人的人生，都已經有夠多的挑戰了。所有人**每**一天都會遇上不同的十字路口：我應該走方便的路，還是走慷慨、美麗、包容、關懷的路？從長遠來看，這兩條路通向截然不同的目的地。

當我們用心覺察內心的道德指南針時，生活會變得更輕鬆、更自由，我經常看到這方面的證據。我們並不是生活在沒有規律、冷漠的世界裡。實情完全相反。這種存在是互相呼應的。宇宙會回應我們言行背後的意圖。我們發出的東西，最終會回到自己身上。我們看到的世界不是它的樣子。世界是**我自己**的樣子。所以要成為自己在世界上想見到的樣子。

有個讓我印象深刻的故事，是關於一個沿著海灘散步的小女孩。在一夜風雨過後的早上，海灘有許多被海浪沖上岸的海星。小女孩拾起一枚海星，將牠拋回海裡；再拾起下一枚，又將牠拋進海裡。這時，一名脾氣很暴躁的老人走了過來。

「喂，小朋友，妳在做什麼？」

「我將海星扔回海裡，要救牠們啊。」

「好，但拜託，這片海灘上有幾萬，甚至是幾十萬的海星。妳扔回區區那幾枚海星，根本沒什麼作用。妳懂吧？」

小女孩並不氣餒，又拾起一枚海星拋入海中，然後說道：

「這對牠很重要。」

出家十七年後，我有將近二十年的流行文化要惡補，包括要讀的書籍、要觀賞的電視劇和電影，而且我還採取非常猛的方式追趕。有部較近期的電視劇，我特別迷，它是挪威影集《羞恥》（*Skam*）。這部影集精采描繪了青春，完全從青少年的角度出發。劇中的成年人就像背景布幕，他們的臉甚至很少出現在畫面上。

這部影集中最搶眼的一個角色，名叫諾拉。她的外表漂亮，心地更美。我很喜歡她。我會將她形容為許多人夢寐以求的朋友，而且有些人可能要夠幸運才能擁有這樣的朋友。這樣的朋友永遠支持你、和你站在同一陣線。為了幫助你，這個朋友也準備好要**遠遠地**跨出自己的舒適區。你對這個朋友無比信任，原因在於：你們之間有許多充滿愛的過去，也因此她說的話就算再逆耳，你也必須聽進去。

劇中有一幕，諾拉站在鏡前正在吹乾頭髮。在鏡子的左邊，我們會看到一張便利貼，上面寫著：

你遇見的每個人
都在進行一場戰鬥
你對此一無所知
與人爲善
永遠如此

第35章 爸爸

二〇一八年九月的那個雨天，在瓦爾貝里醫院的診間，並非死神第一次將一根骨瘦如柴的手指放在我的肩上。早在幾個月前，祂就已經這麼做了。那天是六月初一個陽光明媚的下午，我剛走進爸爸和媽媽在法爾斯特布的避暑度假屋。雙親總是能讓我感受到，那個當下我是全世界他們最希望走進那扇家門的人。這一天也不例外。但在彼此擁抱之後，我注意到一股凝重的氣氛。爸爸說：「比約恩，我們有件事得跟你談談。我們坐一下吧？」我們坐了下來。爸爸像往常一樣開門見山地說：「我得了慢性阻塞性肺病。時間不多了，我能活的日子屈指可數。」

他極為平靜地說了這番話，隨後陷入沉默。感覺上，該輪到我說點什麼了。與此同時，我的內心突然掀起了一場風暴。這時說些有理智的話，對我很重要。經過片刻用力地思索，我回答說：**「你不虛此生了。」**畢竟，爸爸已經八十四歲了。他拍了拍膝蓋說：「我就知道，你懂！」接著他繼續說：「對了，比約恩，還有一件事情。我不想在醫院緩慢又痛苦地死去。我想在這疾病讓我死掉以前，就為這一生畫下句點。」

對我來說，這些話聽來並沒有各位想像的那麼奇怪。因為爸爸二十年來一直在說同樣的話：假如有一天覺得自己這條命再也不值得活下去時，他有權利結束它。在出家那些年裡，由於僧人要遵循戒律，所以我不能支持他這個想法。僧人不能以任何方式鼓勵他人自我了斷。但現在我感覺不一樣了。

由於安樂死在瑞典是不合法的，而且時間緊迫，所以我和其他兄弟們立即著手幫助爸爸實現心願。我們找到了一個瑞士的組織，在六月底，就收到一個日期：七月二十六日，在瑞士巴塞爾，爸爸可以在醫師的協助下安樂死。有一個如此確切的日期，當然感覺很奇怪。只剩一個月。我頭一次感受到時間這麼有限。二〇一八年夏天，不僅是我記憶中最酷熱的，也是最悲傷的。那個夏天，我的喪親諮商師叫Spotify。

我們打算帶一個喇叭去巴塞爾，並製作一份全是瑞典重要音樂家埃弗特·陶布（Evert Taube）的歌曲與蘇格蘭風笛樂聲的播放清單，要陪伴爸爸走完人生最後一刻。我哀傷的時間都在一大清早，這時候，全世界還在沉睡中。我經常獨自坐在電腦前，為前往瑞士的行程做準備。在處理醫療文件、護照影本、銀行手續、機票與旅館訂位等事情中，我不時會抽空聽一、兩首我們為爸爸準備的歌曲。當聽到風笛演奏的《奇異恩典》時，我仍然難過到難以自拔。爸爸也是如此。

最後的時刻終於到了。我們聚集在瑞士的旅館裡：媽媽、爸爸、我和三個兄弟。巴塞爾比瑞典還要炎熱。我們就像過去一個月所做的那樣，繼續在不同的現實中穿梭。歡笑、嬉戲與懷舊交錯的時刻，將要被眼前的事所取代，它是如此迫近，讓我們所有人都講不出話來。在這樣的時刻，表情比語言的溝通更清晰。當爸爸說話時，比往常更專注於表達自己的讚美與感恩。

七月二十六日，早餐過後，一輛計程車來載我們到巴塞爾郊外。在中間有一張床的舒適房間，醫師告訴我們接下來的過程。爸爸躺在床上，胳臂上插著點滴針。接著醫師離開房間，讓我們可以獨處。

我們播放事先已準備好的音樂。埃弗特・陶布的兒子史凡・柏提・陶布（Sven-Bertil Taube）的聲音瀰漫整個房間。我想我們當中沒有一個人會想到，已經哀傷了一個月之後，我們竟然還能有這麼多眼淚。我們完全料錯了。我注意到，我們是輪番哭泣。誰需要一個肩膀來哭泣，就有其他人的肩膀可以依靠。等平靜下來後，再反過來看看旁邊是否有其他人需要一個依靠的肩膀。不到一個小時，我們用過的面紙已經塞滿一個正規大小的垃圾桶。爸爸絕對是用掉最多面紙的人。

對於人死後會發生什麼事情，爸爸和我的看法始終截然不同。爸爸堅信，一切就只會變黑，結束，然後什麼事也沒有了。因此，在最後一次擁抱他時，我當然貼在他耳邊輕聲說：「爸爸，如果你發現死亡後還有其他事情繼續存在，一定要想想我曾說的話：這個我不是早跟你說過了嗎？」他哈哈大笑起來。

我們一個接一個和爸爸道別。媽媽致上一大束黃色玫瑰告別，這是爸爸最愛的花。經過六十年堅定不移的愛之後，他們幾乎不需要再對彼此說什麼。我永遠不會忘記他們互相感謝對方時的眼神。當然帶著愛，但也帶著一種尊敬——我這輩子何其有幸能在雙親之間看到這種敬重，就好像他們從未將彼此視為理所當然。

到了請醫師進來的時候，我覺得，我們對於這樣一個很難忍受的時刻，已經做了最好的準備。我們有一個月的時間道別，也說出想對彼此說的話。我們圍坐在爸爸的床邊，握住彼此的手，也握住他的手。醫師站在點滴架後方，爸爸一一看著我們的眼睛。

接著，爸爸打開點滴開關。

醫師說，他會在三十到四十秒後死去。兩分鐘過去了。這時爸爸轉頭對醫師說：「哈囉，克里斯欽，你確定點滴裡面的液體是正確的嗎？」

當然了，所有人哄堂大笑。

接著，爸爸的目光有某種強烈的訊息。他轉向我們四兄弟，說出遺言。那是充滿愛意的告誡，很有爸爸的風格。我相信，我們任何一個人都不會忘記這些話。

幾秒後，在埃弗特·陶布的〈蕾妮雅〉（Linnéa）歌聲中，爸爸身體的每一塊肌肉同時停止運作。死亡是瞬間的。我發覺，爸爸溫文和藹的臉上出現意想不到的表情。充滿驚奇，像個孩子一樣。彷彿是驚嘆他在自己最瘋狂的夢中都沒想到，這就是人死後會發生的事。

爸爸去世後的最初幾分鐘，就像生命本身屏住了呼吸，一切就這樣停止了。醫師離開房間，我們一家人看看爸爸，又看著彼此。沒人真的知道該說什麼。這是一個如此莊嚴的時刻，言語顯得微不足道。最後，有人闔上爸爸的眼睛。媽媽溫柔地撫平他任性的眉毛。我們還隔著被子拍拍他。房間裡的光是強烈的黃色，來自玫瑰、壁紙、窗簾，以及外面的陽光。

對爸爸來說，變得非常難受的一切——他的呼吸、咳嗽、虛弱，現在全都結束了。他按照自己的方式畫下句點。
我們逐漸開始閒聊起來，就像一個魔咒在慢慢解除。我從來沒跟家人談論過這件事，但在我看來，爸爸的靈魂似乎在死後大約半小時就離開了他的軀體。這是非常明顯的，在那一刻之後，就只剩一具遺體而已。
我們的爸爸，媽媽的人生伴侶，已經離開我們了。
隨後，媽媽和我的兄弟們前往巴塞爾。我主動提出要留下來。我們當中，必須有人留在這裡，而且因為我在瑞士度過了最後兩年的僧人生活，德語說得還可以。
當單獨和爸爸的遺體在一起時，我點燃一根蠟燭，跪拜了三次，然後開始誦經祝福。我唱誦著當僧人時逐漸愛上的梵唄，我和僧人朋友們一同在數百具遺體前唱誦過，藉此安撫他們逝去的靈魂。在爸爸生前，我當然徵求過他的同意。與此同時，在四大洲的八、九間寺院也在為爸爸唱誦梵唄。
之後，我冥想了一段時間，心思專注在幫助爸爸去到另一個世界，同時提醒自己，我的身體就像其他人的一樣，總有一天也會走上和爸爸相同的命運。而且我們都不知道，自己的沙漏上半部還剩下多少細沙。

第36章
寬恕

也許需要近距離接觸死神，才能真正明白，我們始終是彼此的過客。當然，在理智面，我們都深知一件事：人總有一天會死。但是，讓這項認知與洞見往下擴及到身體其他部分，是我們一輩子的工作。每一步，都是值得的。

因為當我們再也不認為生命是理所當然時，會發生什麼事呢？當真正、整個人全身上下都理解到：我們是彼此的過客時，會發生什麼事呢？我們可沒時間馬馬虎虎。總有一天，我們不得不告別——向每一個對自己有意義的人道別。我們唯一能確知的一件事情是：我們不可能永遠在彼此身邊。其他的一切，都只是一種**「可能」**。當牢記這一點時，我們就會明白，對待他人和生命本身的方式只有一種：溫柔呵護。

有人需要聽到你的道歉嗎？別等了。

是否有人需要聽幾句話，而這些話只有你才有辦法讓他們真正聽進去的？不要隱忍。

是否做過讓自己懊悔的事，但你可以補救的？試著補救。

也許這輩子有個人你覺得無法原諒？有可能。然而，有時嘗試以下這個想法會有幫助：假如你出生時有和他們相同的DNA、相同的命運、相同的業力、相同的基因碼；假如你成長的方式、身邊擁有的人、遭逢的事全和他們一樣，你的所作所為可能也會和他們相同。

我不否認這個世界存在不可理喻的邪惡。這不是我在此想說的。但即使在我們的「正常」生活中，也會遇到應當徹底譴責的卑鄙與殘暴行為。我們可以譴責這些行為。但我們不需要對犯下這些行為的人關閉心門。當真正學會將人與他們的行為分開時，就象徵著我們已經有很大的進步。喜歡在愛當中成長、僅僅因為想用溫暖迎接每一個人和每件事而覺得很美好，並不會讓你變成一個軟弱的人。當有人太過分、行為不當的時候，你仍然完全有能力堅決反對。但是你可以分辨行為和個人的區別。

我這麼說，是否觸及你的痛處？在你的人生中，是否就是不願敞開心門接納某個人？這完全可以理解。和解與寬恕，絕非易事。但請試著客觀、冷靜地觀照你的感受帶來的影響。當你對某人關閉心門的時候，會發生什麼事？**對方**或許沒有受到明顯傷害，但**你**會。你會覺得自己很委屈，在內心播下憎恨的種子。如果你選擇不時提醒自己：這個人不可饒恕，就會讓這種憎恨增長到傷害你的地步，根本也沒報復到對方。

我一直對太平洋上的殘留日本兵很驚訝，當中有人拒絕相信第二次世界大戰已經結束。他們在和平恢復後仍堅守崗位數十年，總是拿著武器待命。任何人怎麼樣都無法勸動他們相信戰爭已經結束，**沒有什麼**能讓他們放棄！

我們本身也常常如此。因為太執著於爭鬥，結果錯過和平的訊號。但到了最後，才會意識到：**戰爭結束了**，很早以前就結束了。我們與自己達成的和平，是最重要的。一旦和解了，許多事情就會自然而然地水到渠成。

我很喜歡這個畫面：**戰爭結束了**。**舉起白旗**。這是和解唯一的起始點。我們迫不及待，再也沒辦法等別人準備好寬恕、和解，並繼續前進。

這裡是起點，也是終點。

我偶爾會想起早年當僧人時的一段記憶。這個事件讓我清楚看到放下不公平行為的途徑。

每年一月，我們都會紀念寺院的創辦人阿姜查，他也是泰國森林修行派非常重要的僧人。我們以傳統的方式在他過世這一天紀念這位大師的逝世。在我第一次來到這所寺院才十二天，他就過世了。這項紀念活動也流傳到全世界，並成為固定活動。每年的這一天，都有來自不同國家的僧人來到寺院，與我們紀念這個日子。有位英國的資深僧人固定會來參加。他是大家都覺得很難相處的人。因此在他到來之前，寺院的導師就告訴我們這樣的話：「來吧！我們一定要給這位僧人五星級的待遇。他和我們在一起的短短幾天，要讓他感受到自己是個受人愛戴的大師。」

這感覺是很不錯的看法，引發我們的共鳴。來了一個眾多僧人都不太願意在他身邊的人，很難相處又很古怪。導師要我們盡力而為，所以我們就卯足全力了。

有天晚上，我坐在這名資深僧人的棚屋外面，替他按摩腳。在森林修行派中，按摩文化是很濃厚的，我們經常互相搓腳。大多數時候，都是年輕的僧人為年長者按摩腳。這也算是一個藉口，可以藉機和他們在一起，聽他們的故事與寶貴的智慧。西方人通常一開始會覺得很尷尬，但對泰國人來說，因為生活在非常習慣身體接觸的文化中，所以他們就比較自然。

我聽說，生於泰國的阿姜查有次曾問來自西方國家的資深僧人阿姜．蘇美多，是否曾為自己的爸爸按摩腳。一九三四年生於美國的阿姜．蘇美多帶著對按摩腳的嫌惡說：「沒有，從來沒有！」阿姜查只是平靜地回應說：「或許這就是你遇到這麼多麻煩的原因。」

所以我就坐在那裡，帶著自己的一塊小布，一瓶油，以及我自己做的木製按摩棒（只用來按摩腳！）。我們以僧人慣常的方式相處得非常愉快。英國僧人開始向我談起舊日的美好時光、他見過的幾位大師，以及親歷過的探險。這些大致上都是愉悅和歡樂的事。

接下來，他提到一個名字，是我們森林修行派另一位資深僧人的名字。英國僧人的神態全變了。他突然變得非常生氣、暴躁，怨恨與痛苦。他開始講起這名僧人很久以前做的錯事，以及這一切是多麼不公平。當時的我太年輕天真，說了類似這樣的話：「唉，這都二十二年前的事了，是不是該放下了？」

請容我給個建議：永遠別叫一個怒氣衝天的人「放下」。這很少有好結果，也極少達到預期的成效。勸人放下這種事，只能拿來勸自己，也只有這種時候才管用。然而，我當時沒受過教訓，因此結果當然不是我想要的。那位滿懷怨恨的僧人，憤恨非但沒有減少，恐怕還變本加厲。

離開他的小棚屋後，我花了一小段時間思考究竟發生什麼事情。我覺得滿懷怨恨的僧人幾乎每天都在提醒自己那些不公的事、那些他認定對自己不公的事。而且透過這麼頻繁地提醒，他讓這些記憶猶新，彷彿是前天才發生的事。他的怨恨，一直是「在線上」狀態——每週七天，一天二十四小時都可以讀取。

這當中有一點值得注意。它解釋了寬恕如何成為通往自由的關鍵。讓自己和已發生的事和解，主要並不是為了成為更偉大的人。關鍵在於保護自己的心理健康、選擇用哪些感覺來填滿自己的心。

在森林修行派中，泰國僧人龍婆登（Luang Por Doon）是我最喜歡的人物之一。他非常聰明，在冥想方面也有極豐富的經驗。當時的泰國國王與王后都是龍婆登的弟子，因此經常去拜訪他，送禮並請教問題。有一次，國王恭敬地提了一個問題：「龍婆登，您可曾發怒過？」這是個相當敏感的問題，因為在東方宗教中，心平氣和被認為非常重要。不被強烈的情緒與反應衝昏頭，是會受人欽佩的。龍婆登用泰語回答「Mee, dtä mai aow」。這句話的意思大致上是：怒氣會生起，但它什麼都無法占據。

我很喜歡這則故事，因為它說明了，當我們的內心寬大到足以容納自己所有的感受時，生活會是什麼樣子。這並不是說我們再也不會有消極或難熬的情緒。我們只是不再認同它們，不再讓它們占據自己。這樣一來，它們就不能再傷害我們，或讓我們做出令自己後悔的事。

第37章
從膚淺到真誠

有時，一些人聽了我的故事後，會說類似這樣的話：「想想，你一定學到了不少！」也許確實如此，但我並不覺得自己背著一大袋永恆的智慧。幾乎完全相反。我在人生旅途上帶的行囊，比以往更少了。更少的自我，留更多的空間給生命。這讓我更有智慧，而且比較像是小熊維尼的智慧，而不是兔子。近來，當生命開始出現風暴時，「覺察」是我唯一仰賴的。我盡可能多放開自己對痛苦感受的抗拒，試著歡迎它，透過它來呼吸，而且變得更像姆米爸爸；他在凝視大海時說：「孩子們，暴風雨來了。來吧，我們划船出航吧！」

慢慢的，我逐漸發現有一種更睿智的聲音可以傾聽。我也明白，可以與生命共舞，而不是試圖控制它。過生活的方式也能像張開的手掌一樣，而不是因為恐懼而握緊拳頭。我真的不想讓任何人認為，必須出家十七年才能獲得我說的那種智慧。它與我們的距離，其實要近得多。印度教有一句諺語是這麼說的：**「神將最珍貴的**

珠寶藏在祂知道你永遠不會去找的地方——你的口袋裡。」

對於這一點，有天晚上在泰國的寺院裡，我就得到一個寶貴的提醒。在夜間冥想後，阿姜・賈亞薩羅臨時決定要講課，他喜歡每週講課一、兩次。那天晚上，他談到英國國家廣播公司對泰國國王的一次採訪。英國記者問國王，他如何看待西方國家、基督教對「原罪」的觀念。國王回答得很好：

「身爲佛教徒，我們不相信原罪。我們相信本淨。」

「本淨」（原始的純淨），瑞典語是Arvs-oskuldsfullhet，是有點笨拙的單詞，卻是一個讓人期待已久的提醒。聽到這句話時，我坐在冥想墊上竟不禁顫抖起來。如果我內心那個經常在背地裡說我不夠好的聲音，其實是錯誤的呢？

相反的，如果許多靈修與宗教傳統一直以來的堅持才是真的：一個人的核心——也就是堅不可摧的部分，是完全無罪、毫無問題的，那會怎樣呢？它一直以來都是如此，未來也是如此。

第38章 就在這裡結束

在撰寫這本書時，新冠肺炎正在瑞典與全世界大多數地區肆虐。考量到病情，完全隔離對我顯然就很重要。隔離的好處之一就是，開始每兩週和我在英國最要好的僧人朋友阿姜·蘇西托，用Facetime通話。最近一次，他為我讀了一篇南非短篇小說。結尾的情節，是兩個完全陌生的人用了一個代表寬容的感人手勢。

在我有幸認識的人當中，阿姜·蘇西托正好是心胸最寬大的人之一，也因此這個故事真的讓我很感動。在淚流滿面當中，我好不容易才能說出這樣的話：「這些日子，像這樣的手勢感覺才是唯一真正重要的事！」

阿姜·蘇西托平靜地答道：「不只是這陣子才重要。永遠都重要。就是表層一些輕如鴻毛的事被新冠肺炎拔掉了，讓它變得更明顯。」

在我的處境下，這個問題當然顯得格外緊迫：**「對現在的我來說，什麼才是眞正重要的？」**

討好別人，已經變得沒那麼重要了。以前，它對我來說，總是比自己真正想要的更重要。

表達感謝之情，已經變更重要了。因為絕大多數人都像我一樣：他們**低估**了自己實際上**受到重視**的程度。

比以往更重要的是，每時每刻都活在當下，而不是迷失在事情應該或可能是什麼樣子的念頭中。

我的圈子變小了，我更關注最親近的人。我想百分之百確定：他們知道，我有多麼喜歡他們。

玩耍變得越來越重要，有意見就變得不太重要。曾有人問泰國森林修行派的傳奇僧人阿姜查：「你那些來自西方國家的弟子，在證悟的路上最大的阻礙是什麼？」他一針見血地只用一個單詞回答：「意見。」我很喜歡他的回答。

成為自己的朋友，從未像現在這麼重要。當前是困難重重的時候，該溫柔聆聽自己聲音的時刻到了。親切地對自己說話。給予自己的耐心，要像我在狀態好時對別人的耐心一樣。在面對自己時，也多帶一點幽默感。

每天早上和伊莉莎白一起冥想，對我很重要。隨著一次接一次的呼吸，放下自己的念頭，轉而慢慢地靠向我出生前就已存在體內的東西，在我的其餘部分死滅後，它還會持續存在。對我而言，它就像我一生都渴望的東西，卻不知道它是什麼。就好像從我有記憶以來，有人一直坐在我的肩上低聲說：**「回家吧！」**

那麼，一個人該如何找到回家的路呢？到目前為止，我發現這個問題的最佳解答，來自十四世紀初期的德國牧師艾克哈特大師（Meister Eckhart）。據說他已經開悟了。在一次的主日講道後，有位年長的教友走上前對他說：「艾克哈特大師，您顯然曾經見過上帝。請幫助我像您一樣也認識上帝吧。但您的建言必須簡短明瞭，因為我的記性越來越差。」

「非常簡單，」艾克哈特大師回答道：「要像我一樣遇見上帝，你需要做的就是，完全理解誰在透過你的眼睛向外看。」

在我出家才幾年時，有天下午，我在自己森林棚屋外的冥想小徑上行禪，同時邊聽著僧人阿姜．布拉姆（Ajahn Brahm）的演講。他在談論死亡，有一段說到：「當我的最後時刻到來時，我希望感覺就像踏入清涼夜的微風中，快樂又目眩神迷，猶如聽完英國重金屬樂團齊柏林飛船一場精采的音樂會那樣。」我完全懂他的意思。此刻，我慢慢步向比自己期望還更早到來的最後一口氣，也是這種感覺。謝天謝地，我可以毫無遺憾或沒有不安地回顧自己的人生，並帶著一種抵擋不住的驚嘆與感激心情說出以下的話：

哇喔，多棒的一趟旅程，多精采的一場冒險啊！誰能想到呢!?我怎麼能經歷到這麼多呢？我這一生彷彿經歷了三世一樣。

我如何不斷吸引比我更有智慧、更寬宏大量的人到身邊呢？

我做過這麼多輕率、有時根本是致命的事，嚇壞很多人，但爲什麼我不常落入悲慘的下場呢？

究竟爲什麼這麼多人喜歡我？

我從頭到尾沒做太多計畫，但事情到最後怎麼都會這麼順利？

有位非常有智慧、和藹可親的僧人，名叫龍婆莊（Luang Por Jun）。在他漫長人生的末期，被診斷出罹患一種罕見、難以治癒的肝癌，存活的機率微乎其微。儘管如此，醫師還是向他提出一個漫長又複雜的療程計畫，當中包括：放療、化療和手術。當醫師講完後，龍婆莊用溫暖、無畏的目光看著和他一起來的僧人朋友，然後說：**「醫生是不會死的嗎？」**

聽說這件事之後，我一直忘不了。它觸動了我的心弦。

談到面對死亡，為什麼我們文化中的主流敘事都是這種奮戰、抵抗和否認的英雄故事呢？為什麼死亡這麼常被描繪成非要打敗不可的敵人？為什麼要將它視為一種羞辱或失敗？我不喜歡認為死亡的反義是「活著」。我倒還寧願認為它是「出生」的反義。我當然不能證明這一點，但始終堅信在另一邊一定有什麼。有時，我甚至覺得會有一場奇妙的冒險在等著我。

在我最後一口氣臨近的那一天——無論那是在什麼時候——行行好，請別要我奮戰。相反的，請盡全力幫助我放手。請肯定地告訴我，你們會好好的，也會相守在一起。請提醒我必須感謝的一切，也對我秀出你們張開的手掌，讓我在那個時刻來臨時，想起我要的感覺。

伊莉莎白，到時妳不是躺在我的床上，不然就是上來床上，請緊緊抱住我。請看著我的眼睛。我希望，這輩子最後看到的就是，妳的雙眼。

致謝

假如你此刻覺得我已經寫了一本書，這想法也不是不合理。對於自己成為寫書者的念頭，我真的相當喜歡。但是我覺得，自己並不那麼喜歡寫書的過程。

邦尼（Bonnier）出版社先在二〇一一年以一份書籍合約，表達了對我的信任；在二〇一六年，雙方再一次簽定合約。完美主義與寫作焦慮成為難以戰勝的頑強敵人；在這兩段過程中，我都被它們打敗了。

然而，邦尼出版社並沒有放棄；他們派出旗下最不屈不撓的探員與偵查者Martin Ransgart追著我。當時的我正在進行「通往自由之鑰」的巡迴演說，老早就放棄寫書的念頭，但Martin並沒有放棄。他會出現在巡迴演講廳裡、出現在電影首映會上，也持續發送簡訊與電子郵件，甚至打電話並使用即時通軟體聯繫。到了最後，我覺得這樣的堅持是值得尊敬的，所以我同意了，也提到我需要幫助。

本書能順利完成，必須向與我共同進行巡迴演說的夥伴卡洛琳致上最深厚、誠摯的謝意。她藉由語言方面的優秀才能與對我的表達方式獨到、敏銳的理解，以第一人稱寫下了整本書——她寫作的速度極其驚人，而且筆法精湛，令人讚嘆。接著，我的播客合作夥伴納維德再調整部分內容和標題，讓整本書變得更有趣，增添閱讀的樂趣。在那之後，我和卡洛琳又提出部分內容的更動來保留本書的獨特性。邦尼出版社的編輯 Ingemar E Nilsson 在編輯工作中的重要性無可替代，他貢獻了相當多的創意、專業能力和溫情。Linus Lindgren 做了很多繁重的工作，整理我在播客節目、演講、指導冥想活動，以及我主講的兩期瑞典國家廣播電台第一頻道夏季特別節目中留下的話，並逐字記錄下來。

所以，我仍然稱不上撰寫了一本書。卡洛琳撰寫了一本書，而納維德、Ingemar、Martin、Linus 與我則竭盡所能地協助她。

我希望這本書的好，不言自明，也希望它能與你交談，並期待你會不時選擇重讀這本書，而且這本書中的某些段落與概念，能成為你人生中的嚮導。我也希望這本書可以在你一切順遂時成為與你同樂、激勵你的朋友；在你遭遇困境與挑戰時也能帶來安慰，並讓你重拾信心。

感謝你的信任。

特此致上最誠摯的問候

比約恩・納提科・林德布勞

※※※

感謝媽媽、Emma、Malin、Victor、Johan和Johanna，還有我最愛的Fredrik！你們知道這其中的原因。我也想感謝打從一開始堅持不懈的Martin；謝謝無比耐心的Ingemar；還要感謝始終堅信一切都可以迎刃而解的納維德。而最後，也是最重要的是，我謝謝比約恩給予我最大的信任，以及這一路以來的一切。你震撼了我的世界。

卡洛琳

※※※

謝謝你，比約恩，感謝你的智慧與信任，在我有幸共事的所有人當中，你是最與眾不同的人。卡洛琳，謝謝妳的沉著、無比勤奮、對品質毫不妥協的眼光；感謝Martin、Ingemar與邦尼出版社的所有同仁。也要謝謝Linus，付出龐大心力、花了無數個小時聽寫與耐心核對。最感謝在這趟旅程中給予我支持及鼓勵的Amy、Howard和阿迪亞香提。

納維德

Eurasian Publishing Group
圓神出版事業機構
用心與你對話・視野無限寬廣
先覺出版社
Prophet Press

www.booklife.com.tw reader@mail.eurasian.com.tw

人文思潮 161

我可能錯了：森林智者的最後一堂人生課

作　　者／比約恩・納提科・林德布勞（Björn Natthiko Lindeblad）、卡洛琳・班克勒（Caroline Bankler）、納維德・莫迪里（Navid Modiri）
譯　　者／郭騰堅
繪　　者／托馬斯・桑切斯（Tomás Sánchez）
發 行 人／簡志忠
出 版 者／先覺出版股份有限公司
地　　址／臺北市南京東路四段50號6樓之1
電　　話／（02）2579-6600・2579-8800・2570-3939
傳　　真／（02）2579-0338・2577-3220・2570-3636
副 社 長／陳秋月
資深主編／李宛蓁
責任編輯／林淑鈴
校　　對／劉珈盈・林淑鈴
美術編輯／李家宜
行銷企畫／陳禹伶・黃惟儂
印務統籌／劉鳳剛・高榮祥
監　　印／高榮祥
排　　版／陳采淇
經 銷 商／叩應股份有限公司
郵撥帳號／18707239
法律顧問／圓神出版事業機構法律顧問　蕭雄淋律師
印　　刷／祥峰印刷廠
2023年2月　初版
2024年9月　54刷

JAG KAN HA FEL OCH ANDRA VISDOMAR FRÅN MITT LIV SOM BUDDHISTMUNK
(Eng. title: I MAY BE WRONG)

定價450元　ISBN 978-986-134-445-4

對於一個修行慈悲和愛的行者而言，敵人是最重要的老師之一。沒有敵人，你就不能練習寬容；沒有寬容，你就無法建造慈悲的健全基礎。爲了修行慈悲，你應該有一個敵人。

——《修行的第一堂課》

國家圖書館出版品預行編目資料

我可能錯了：森林智者的最後一堂人生課／比約恩・納提科・林德布勞（Björn Natthiko Lindeblad）等著；郭騰堅 譯
-- 初版. --臺北市：先覺，2023. 2
256面；14.8 × 20.8公分（人文思潮：161）
譯自：Jag kan ha fel och andra visdomar från mitt liv som buddhistmunk
ISBN　978-986-134-445-4（平裝）
1. CST：林德布勞（Lindeblad, Björn Natthiko, 1961-2022） 2. CST：傳記
3. CST: 比丘　4.CST: 自我實現

784.758　　111019336